旬菜ごよみ３６５日

季節の味を愛しむ日々とレシピ

ワタナベマキ

誠文堂新光社

はじめに

３６５日。

家族のための食事と、仕事の撮影用の一皿をくり返し準備し続け、
日々たくさんの量の料理を作り出していますが、
そんな３６５日分を記録していく作業は、とても楽しく、
自分自身にとってもも興味深いものでした。

いつも何気なく素材を手に取って、料理をしているものや、
お土産にいただいたり、取り寄せをしたりしているおいしいものも、
このように１ページ１ページを切り取って並べてみると、
日本の四季の移り変わりを実感します。

旬なものの、いちばんおいしい時期を逃さず、いちばんおいしい方法で食べる。
美味なるものに出会い、料理し、食べることのしあわせとありがたさを、
ページをめくるたびに感じさせてくれる本となりました。

料理は毎日のことだから、簡単に作る日もあれば
じっくり時間をかける日もあります。
どうして今日はこれを食べたのか、料理をしたのか、
その思いが写真と文章によって浮かび上がってくると、面白くもあり、
「心と体を支える、日々の糧になっているのだなあ」と改めて感じます。

この本は約１年半をかけて、じっくりと作らせていただくことができました。
自分の３６５日がこのようにまとまることの嬉しさと、緊張と、楽しさ。
料理だけではなく、写真、文章、デザイン、ページをめくるたびに楽しんでほしい。
そんなたくさんの思いが詰まった日々の何気ない時間を、
みなさまにも感じていただけるとうれしく思います。

ワタナベマキ

1／1

新年は華やかな ちらし寿司とともに

おせち料理とともに、新年に必ず作る鯛ちらし。白いグラデーションでまとめるのが、自分なりのこだわり。鯛は大晦日の夜に、昆布じめにしておく。つつがなく新しい年を迎えられたことに感謝して。

鯛の昆布じめ寿司の作り方
▼巻末2ページ

重箱｜佃眞吾

1/2

作るときの緊張感も楽しみのひとつ

わが家のおせちに欠かせない定番、錦玉子。卵をゆでて、黄身と白身に分けて、裏ごしして。手間もかかるし、きれいに切ることができるか緊張感もあるけれど、そのぶん完成したときの達成感はひとしお。

錦玉子の作り方▼巻末2ページ

器―水野克俊

1／3

毎年安定の出来
大根なます

お正月料理は、その年ごとの出来不出来があるけれど、重度のすっぱいもの好きなせいか、なますだけは常に安定していると思う。酸味は柚子果汁だけで、シンプルに。これがなくては、おせちの箸は進まない。

大根なます

大根1/2本、京にんじん1/3本はせん切りにし、それぞれ塩小さじ1/3をふり、出てきた水けをしぼる。柚子果汁1個分とあえ、せん切りにした柚子皮適量を散らす。

器―鎌田克慈

1／4

おせちに飽きたら鶏がらラーメン

年末になると、お雑煮用にと鶏がらがスーパーに並ぶようになる。冷凍して保管しておいて、三が日の時間があるときにコトコト煮ておくようにしている。おせちが一段落し、麺類が食べたくなる時期に重宝。

鶏がらラーメンの作り方
▼巻末2ページ

すり鉢｜伊藤環

1／5

新年のご挨拶に
栗の渋皮煮

横浜・青葉台の洋菓子店「ピュイサンス」の「マロン・オ・シロ・オブセ」は、長野・小布施の丸々とした立派な栗を使った渋皮煮。刻印入りの木箱が晴れがましく、お年賀を口実に買うのがちょっぴりうれしい一品。

1／6

新春に似合う漆器たち

昔から漆の器が好きだけど、年を重ねるごとにいっそう「いいなあ」と思う機会が増えた。清々しい年の始まりは、やっぱり漆がふさわしい。ていねいに拭いて、箱に収めて。「また来年も、よろしくね」

器｜輪島塗　折敷｜アンティーク

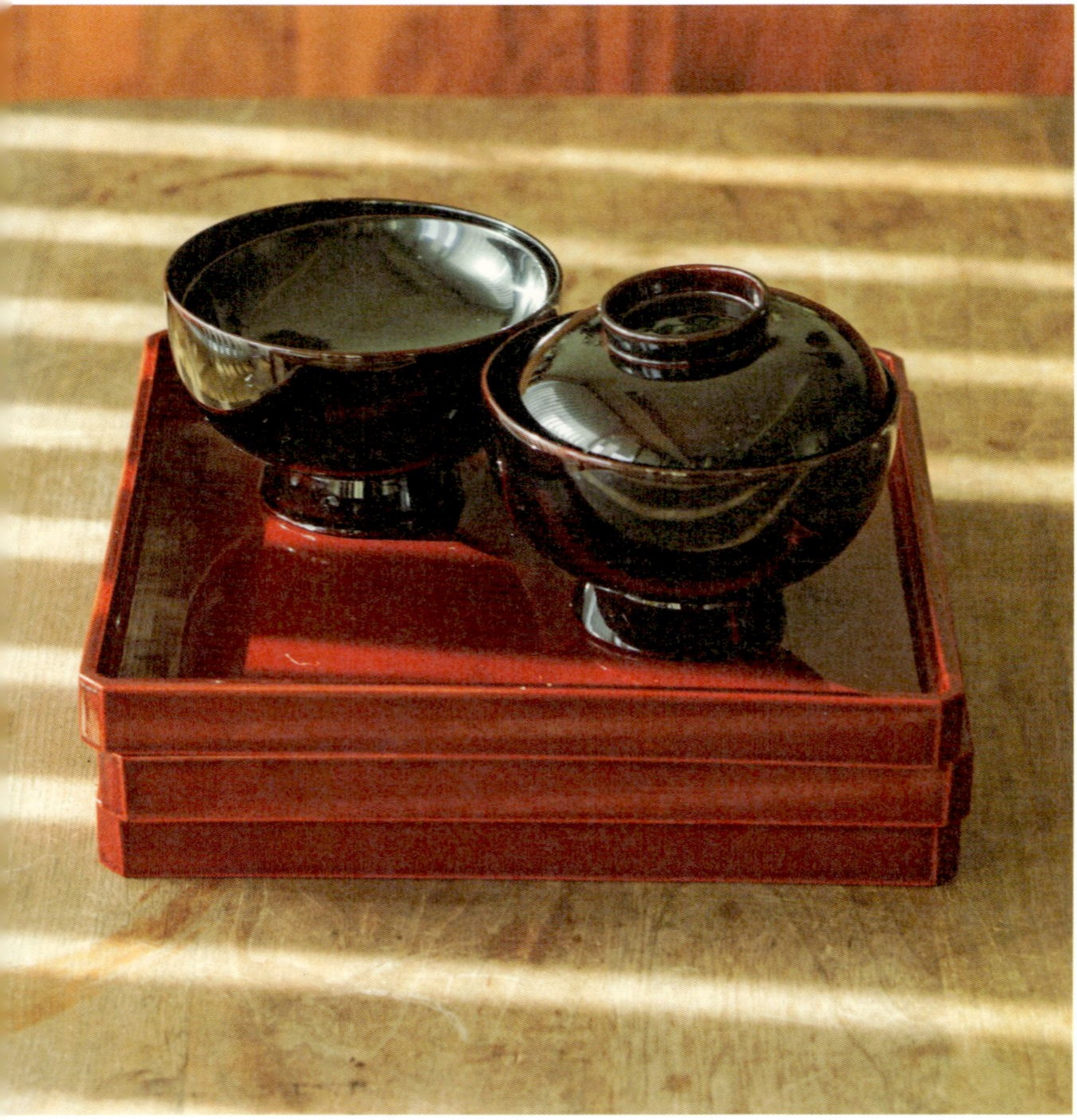

1/7

七草粥代わりのデトックススープ

食べすぎたとき、食欲がないとき。動物性のかつお出汁も辛い日に飲む、養生スープ。しいたけ出汁のうま味と梅干しの酸味だけのシンプルな味だけど、するりと胃に収まる。

しいたけ梅干しスープ
鍋に干ししいたけで取った出汁1カップを入れて火にかけ、梅干し1個を入れ、軽くほぐしながら温める。

器｜吉田直嗣

自分で作れる 酸っぱい白菜鍋

台湾で人気の「酸菜白肉鍋《スァンツァイバイロウグオ》」は、白菜の漬け物をたっぷり入れたお鍋。「それ、自分でも作れるよ」と言うと、驚かれることが多い。発酵しているだけあって、消化が早いのもうれしい。

酸菜白肉鍋の作り方
▼巻末2ページ

鍋—照宝　器—志村睦彦

そろそろ パンが食べたい

お正月気分もすっかり抜け、パンとコーヒーの組み合わせが恋しくなる。トーストは焼き網を使って直火で焼く派。焼き目を付けて裏返し、バターをかたまりでのせ、じゅわっと溶け始めたところで器に移す。

焼き網｜辻和金網

1／10

頼れる素材 紅芯大根のサラダ

比較的手ごろで、日持ちもして、ほどよい辛味が小気味よく、シャキシャキとした歯ごたえも楽しい。そういう理由で、つい買ってしまう紅芯大根。色味もきれいなので、塩と油だけでも、様になったりする。

紅芯大根のサラダ
紅芯大根は薄切りにして器に盛り、オリーブオイルをまわしかけ、岩塩をパラパラとふる。

器―イタリア製

1／11

花びら1枚分ずつ切り分けて

創業は何と、江戸初期にまでさかのぼるという佐賀の洋菓子店「北島」の「マーガレット・ダ・マンド」。見た目の愛らしさはもちろん、アーモンドパウダーを最大限に用いて焼き上げたという、リッチな味わいにも心が躍る。

スタンド｜インド製

1／12

豆にからすみをたっぷりと

以前訪れたイタリア料理店で出してもらった、白いんげん豆のからすみがけ。台湾旅行に行くと、からすみが驚くほど安く、お土産で買って、こんなおつまみを作ったりする。ワインのアテにはたまらない味わい。

白いんげん豆のからすみがけ
ゆでた白いんげん豆に、からすみをすりおろし、オリーブオイルをまわしかけ、塩をふる。からすみの塩分量によって、塩の量を加減するとよい。

器―サタルニア

練り製品が食べたい夜はおでん

日本橋「神茂」のはんぺんや、出雲「別所蒲鉾店」の揚げ物など。おでんが作りたくなるのは、おいしい練り製品が手に入ったとき。練り製品から出た出汁を吸って、大根や玉子がぐんとおいしくなっていく。

おでん鍋の作り方▼巻末3ページ

土鍋｜城進

1／14

長年使い続けた米研ぎざる

もう十数年以上、毎日欠かさず使っている米研ぎざる。使いすぎて、穴が開いてしまって恥ずかしいけど、これがなくては、ごはんが成り立たない。またたび素材は米への当たりがやわらかく、水ぎれも抜群。

ざる―福島・会津産

1/15

ブルーチーズの大人グラタン

「グラタン好き」は想像以上にたくさんいて、人を招いたときに作ると、喜ばれることが多い。こちらはゴルゴンゾーラをふんだんに入れた、大人味グラタン。子どもがいる日は、グリュイエールにおきかえて。

ゴルゴンゾーラグラタンの作り方
▼巻末3ページ

器|北欧製ビンテージ

1/16

毎日使うから
ふぞろいレモン

晩秋から春先にかけては、いつもくだものを送ってもらっている和歌山「観音山フルーツガーデン」から、減農薬・ノーワックスのレモンを段ボールでお取り寄せ。B級品だと、驚くほどリーズナブルで、気兼ねなく使える。

ざる—台湾製

1/17

小腹がすいたら あられをパクリ

岡山県真庭市で、自然栽培による農業を行っている「蒜山耕藝《ひるぜんこうげい》」。そのもち米を使った「蒜山あられ」は、ひと口サイズなので食べやすく、シンプルで力強い風味。ついつい手がのびる、普段着のおやつ。

ひと皿で大満足 牛肉のチャプチェ

近所の韓国料理店に食事に行ったら、ついでに春雨を買ってきて、翌日にチャプチェを作るのが定番コース。つるつるした食感が息子にも好評で、肉が入ってボリュームがあるし、忙しい日のお助けメニューでもある。

牛肉のチャプチェの作り方
▼巻末3ページ

器―安藤雅信

1/19

聖護院大根でぶり大根

お正月を過ぎると、京野菜の聖護院大根も手ごろな値段になり、手に入りやすくなる。アラではなく切り身を使い、香り高いごぼうを加えると、いつものぶり大根もちょっと洗練された雰囲気に。

聖護院大根のぶり大根の作り方
▼巻末4ページ

器―市川孝

1/20

マーラーカオで朝ごはん

気軽だから、わが家では冬の朝食に食べることが多い中華蒸しパン・マーラーカオ。材料を混ぜて蒸籠に入れて、30分蒸すだけ。ふたを開けると立ち上る、湯気もご馳走気分に。

マーラーカオの作り方
▼巻末4ページ

蒸籠－照宝

1/21

ハワイ島からの贈り物

ハワイ島在住の友人にお願いし、送ってもらっている「ワイホロクイ・ガーデン」のチャイとゴールデンミルク。ジンジャーやターメリックなど、どちらも体を温める素材がふんだんに入っていて、冬の日にうれしい飲み物。

「ワイホロクイ・ガーデン（waiholokui garden)」の製品は、ハワイ島東岸「ヒロ・ファーマーズマーケット」で購入可能。

1/22

焼き餃子は焦げ目が主役

作るのに時間がかかるので、わが家で餃子は週末のメニュー。あんは肉より野菜が多めのバランスで。鉄のフライパンに油をたっぷり入れて加熱し、一定の火加減でしっかり焼き上げるのがコツ。

焼き餃子の作り方▼巻末4ページ

器―市川孝

1/23

豆のうま味が際立つ フムスは朝ごはんに

パンに塗ったり、魚や肉のソテーに添えたり、豆ペーストだけど肉のように満足度があるひよこ豆のペースト。全粒粉を耳たぶくらいの固さに練って焼いたクイックブレッドにのせ、ヨーグルトソースをたっぷり添えて。

フムスとクイックブレッドの作り方
▼巻末5ページ

フライパン―ターク

1／24

今日はけずりたての かつお節を

出汁取りには市販のけずり節を使うので、けずり器を出すときはかつお節が主役の日。おひたしにたっぷりふりかけたり、おかかごはんにしたり。この香りに一度ふれると、面倒でもまた、けずりたくなってしまう。

1/25

お腹が快調になる酵素玄米

酵素玄米は専用の炊飯器がないと炊けないので、福岡「酵素玄米工房　もみの木」から冷凍品を取り寄せている。お腹の調子がぐんとよくなるので、最近は1週間に2回のペースで食べるようになっている。

器―佃眞吾　箸置き―上泉秀人

1/26

サブレーもいいけど落雁も

両親が住むようになって、訪れる回数が増えた鎌倉。「鳩サブレー」で有名な「豊島屋」は駅のすぐ近くなので、ときどき覗くようになった。小さいけど可愛い落雁「小鳩豆楽」は、心がまあるくなる、お茶のお供。

器―中里花子

1／27

殻ごと食べたい芝えびの唐揚げ

やわらかくて小ぶりな芝えびは、この時季ならではのお楽しみ。ポリポリと殻ごとかじればうま味もカルシウムもたっぷりで、揚げているそばからつまみたくなってしまう味わい。ごはんにも、お酒のお供にも。

芝えびの唐揚げ

芝えびは薄力粉を薄くはたく。ごま油を中温（170℃）に熱し、芝えびを入れて赤く色づくまで揚げる。器に盛って岩塩をふり、食べやすく切った赤玉ねぎとすだちを添える。

1／28

芝えびを揚げた油は香油にして活用

うま味の強い芝えびを揚げたあとは、そのまま油を調味料として活用できるオマケつき。麺にかけたり、ゆで青菜とあえたり、蒸し豆腐にたらしたり。思い切っていい油を使うのがおすすめ。

香油

芝えびを揚げたあとのごま油をキッチンペーパーなどでこし、みじん切りにしたにんにく、しょうがと混ぜる。保存瓶に入れ、冷蔵庫で1か月間保存可能。

器―台湾製アンティーク

1／29

塩は料理によって使い分け

キッチンの棚にはいつも、手が届く位置にいろんな塩を置いている。常備しているゲランドの塩、ハワイやシチリアの岩塩、梅塩（梅酢を乾燥させたもの）など。塩の個性を味わう料理もまた、楽しいもの。

壺―市川孝（奥3つ）、安齋新・厚子（右）、伊藤聡信（左）

1/30

丸ごと食べたい さよりの塩焼き

下あごが針のように突き出しているさよりは、春告魚《はるつげうお》としても知られているそう。小骨も少なく、子どもでも丸ごと食べやすいので、新鮮なものを見かけるとつい買ってしまう魚のひとつ。

さよりの塩焼き
さよりは内臓を取り、塩をふってグリルで焼く。オリーブオイルをまわしかけ、レモンをしぼる。

器―青木亮太

1/31

とんかつさえあれば翌日も安心

とんかつを上手に作るコツは、豚肉をしっかり常温に戻すこと。冷蔵庫から出したてだと、温度差で身が固くなる原因に。夕食に食べるときは一枚余分に揚げておき、翌日のお弁当に持ち越すことが多い。

とんかつ

豚ロースとんかつ用肉は常温に戻し、筋切りをする。塩をふり、薄力粉を薄くはたき、溶き卵にくぐらせ、パン粉をまぶす。低温(160℃)の揚げ油に入れ、こんがりと色づいたら最後に高温(180℃)で揚げる。器に盛り、イタリアンパセリ、レモンを添える。

器―ロイヤルコペンハーゲン

2／1

節分近くに豆料理を作る

2月に入り、節分を意識して豆料理を作りたくなった。ドライトマトとオリーブは、うま味と塩味がほどよくあるので、調味料のように使える。今日はめずらしい黒ひよこ豆を使ったけれど、大豆や普通のひよこ豆でもおいしい。

黒ひよこ豆のマリネ

黒ひよこ豆はひと晩水につけて戻し、やわらかくゆでる。フライパンにオリーブオイル、つぶしたにんにくを熱し、豆、粗く刻んだドライトマト、黒オリーブ、ローリエを加え、さっと炒める。

器―イタリア製アンティーク

2／2

小粒なはまぐりで春を待つ鍋

大きく育つ手前のはまぐりが手に入ったら、まもなく旬を迎える新わかめとともに、シンプルな鍋にする。身がやわらかく、若々しくさっぱりとした小はまぐりのおいしさは、この時季ならではの魅力。

小はまぐりと新わかめの鍋

鍋に昆布出汁3カップ、小はまぐり15個、斜め切りにした長ねぎ1本分、小口切りにした九条ねぎ4～5本分を入れ、中火にかける。途中アクを取り、はまぐりの口が開いたら、新わかめ適量、すだちの薄切り、しょうゆ小さじ1を加えて火を止める。

鍋―土楽窯

2/3

恵方巻きは細く、色よく、美しく

節分用の太巻きは、1本かぶりつきたい息子のために、普通の太巻きよりも具を減らして細めに作る（親たちは、食べやすく切っていただく）。野菜の分量を多めにすると、色もきれいで食べ進めやすくなる。

恵方巻き
炊いたごはん2合分に赤酢大さじ4、塩小さじ1/3を加え、よく混ぜる（太巻き4本分）。焼きのり全形に酢飯の1/4量を広げ、スモークサーモン3〜4枚、ゆでた小松菜3〜4本、せん切りにしてさっとゆでたにんじん適量をのせ、巻きすで一気に巻く。しばらくおき、なじませる。

器―亀田大介

2／4

食感が楽しい玉こんにゃくの煮物

こんにゃくをして「グミみたい」とは息子の弁。子どもはつくづく、こういう食感が好きなんだなあとおかしくなる。こんにゃくの煮物のような、ごく普通のお惣菜を作っておくと、何だかほっとするのはなぜだろう。

玉こんにゃくの煮物

玉こんにゃく200gは下ゆでし、ざるに上げる。鍋に入れ、出汁1と1/2カップ、酒、みりん各大さじ2を加えて火にかけ、煮立ったらしょうゆ大さじ1を加える。汁けがなくなったらごま油適量をまわしかけ、器に盛り、かつお節をふる。

器―安齋新・厚子

2／5

ハンバーグはオーブンで焼く

ハンバーグは表面だけをコンロで焼いたあと、フライパンごとオーブンへ。こうすると肉汁が流れ出ることなく、ふっくらジューシーに焼き上がる。ちなみに玉ねぎはあらかじめ炒めず、フレッシュなまま加える派。

ハンバーグの作り方
▼巻末5ページ

フライパン―ターク

2/6

煎りごまがなくては始まらない

どんな料理にもふりかけるから、撮影中に編集さんから「ワタナベさん、これ以上ごま禁止!」と言われたことがあるほどの「ごま好き」。「マコト」の「皮むきいり胡麻」は粒が大きく白く、お気に入り。

2/7

蒸しかぼちゃをサラダに

かぼちゃは蒸すと甘味が出て、余分な水分が入りすぎないから素材そのもののうま味がきっちり立つように思う。清涼感のあるパセリや赤玉ねぎを加えると、ぐっと食べやすくなる。

蒸しかぼちゃのサラダ
かぼちゃはやわらかく蒸す。フォークで粗くつぶし、薄切りにして水にさらした赤玉ねぎ、パセリのみじん切り、白ワインビネガー、ナンプラー、オリーブオイルとあえる。

器―中里花子

2／8

粕汁で体を温める

一年でいちばん寒くなるこの時季、日々汁物に助けられる。おいしい酒粕をいただいたら、まず作るのは根菜いっぱいの粕汁。酒粕を入れると味噌の量を減らせるので、塩分を控えたい人にも粕汁はおすすめ。

粕汁

ごぼう、にんじん、しいたけ、こんにゃくは食べやすく切り、ごま油でさっと炒める。出汁、油揚げを加えて野菜類をやわらかく煮て、味噌と酒粕を加え、火を止める。器に盛り、小口切りにした細ねぎを散らす。

器ー山岸厚夫

2/9

朝ごはんに食べるロールパン

「明治屋ストアーデリベイク」の「テーブルロール」は、朝食用に買うことの多いパンのひとつ。ほどよく歯ごたえがあって、けしの実もたっぷり。ほんのりとした塩けが、バター&ジャムとよく合う。

器―山口和宏

2／10

塩豚をしいたけの出汁で煮る

豚かたまり肉に塩をまぶして熟成させる「塩豚」は、煮込みの定番素材。この日は気分を変え、しいたけ出汁で煮てみた。味付けは豚としいたけのうま味と、塩、しょうゆだけ。うま味を吸ったじゃがいもが、たまらなくおいしい。

塩豚とじゃがいものスープの作り方
▼巻末5ページ

器｜吉田直嗣

2／11

手作りの粒マスタード

料理教室で教えたら、大好評だった粒マスタード。肉や魚介料理のアクセントにしたり、サラダのドレッシングに混ぜたりと、いろんな使い方ができる。赤酢は「ミツカン」の「三ッ判山吹」がお気に入り。

自家製マスタード
マスタードシードを保存瓶に入れ、3：1の割合で合わせた赤酢、ナンプラーを注ぎ、ふたをして冷暗所におく。2週間ほどして、マスタードシードがふっくらしたらでき上がり。

瓶―ボール・メイソンジャー

2／12

あさつきを さっとゆでて

山形の冬の伝統野菜としても知られる「あさつき」は、年中出まわる細ねぎとくらべて旬は短く、辛味が少なくてフレッシュな味わい。素材をそのままいただくような、シンプルな料理が似合うと思う。

あさつきのマリネ
あさつきはさっとゆでて器に盛り、塩をふり、オリーブオイルとレモン汁をまわしかけ、輪切りにしたレモンを添える。

器―フランス製アンティーク

2/13

宝石箱のような チョコレート

以前お土産でいただいた、西麻布「ル・スフレ」のショコラ。ふたを開けたときの、ときめきが忘れられず、以来バレンタイン近くの撮影おやつや、お世話になった方への贈り物にと、何度となく手にするようになった。

2/14

ほうれん草は冬が旬

一年中手に入るほうれん草だけど、寒さをたくわえたこの時季のおいしさは格別。根っこに近い甘い部分もきちんと残してゆでる。国産の上質なくるみが手に入ったら、少し贅沢なくるみあえに。

ほうれん草のくるみあえ
ほうれん草はさっとゆで、食べやすい長さに切る。すり鉢でくるみをすり、しょうゆ、黒酢を加え、混ぜる。ほうれん草を加え、あえる。

すり鉢―原泰弘

2/15

食材を買って旅の思い出を再現

こぶみかんの葉、レモングラス、小粒の唐辛子。旅に出ると、現地ならではの素材を必ず買う。ラオスを訪れたときは、こんな食材を購入した。旅の思い出を早く食卓で再現したくて、待ちきれなくなる。

2/16

ラオスで出合った深煎りコーヒー

ラオスを旅して驚いたのは、コーヒーのレベルが高いこと。ルアンパバーンのコーヒーショップで購入した豆は、しっかり深煎りで私好み。パッケージのデザインセンスも洗練されていて、お土産にも喜ばれた。

コーヒーサーバー―ケメックス
鉄瓶―釜定

2/17

飲んだ夜の〆に わさび丼

山わさびは別名「蝦夷わさび」。この北海道産のわさびをすりおろし、炊き立てのごはんにのっける食べ方は、食いしん坊の編集さん行きつけの居酒屋で教わったもの。香りが飛んでしまう前に、急いで食べるのが鉄則。

山わさび丼

山わさびをすりおろし、炊き立てのごはんにのせ、味付けのりをちぎって散らし、しょうゆ少々をまわしかける。

器｜伊藤環

2/18

文旦好きのうれしい季節

甘味・酸味・苦味のバランスがよく、香り高く、実離れもいい。柑橘類の中でいちばん好きかもしれない文旦。おすそ分けでいただいた高知「ろぼ農園」の文旦は、無農薬、手作業で大切に育てられたものだそう。

盆—佃眞吾

2/19

春の訪れを知らせる山菜・うるい

アクがなく、生のままでも食べられるうるいは、山菜の中でも特に食べやすいもののひとつ。比較的早めの時期に出まわり、「春はもうすぐそこ」と知らせてくれる。やはりこの時季旬の、日向夏とサラダに。

うるいと日向夏のサラダ

うるいは3〜4㎝幅に切り、日向夏は皮をむき、食べやすくほぐす。オリーブオイル、塩、こしょう、白ワインビネガーを加え、さっとあえる。

器―伊藤環

2/20

洋酒が効いた なつかしのケーキ

洋菓子は売り切れ必至な話題の新作よりも、「行けば買える」安心の、昔ながらの銘品が好き。九段「ゴンドラ」の「パウンドケーキ」は、日持ちする缶入りで、しっとりした食感の正統派の味わい。

ケーキスタンド―イギリス製

2/21

グリンピースの季節がやって来た

青々しいグリンピースが出まわるようになると、いよいよ春間近。グリンピースはゆで汁のみを白米と一緒に炊き、あとから豆を加えるようにすると、色の美しさが残り、豆の風味もしっかりごはんに移る。

グリンピースと塩豚の炊き込みごはんの作り方 ▼巻末6ページ

鍋―ストウブ

2／22

ポテトサラダはシンプルに

ポテトサラダはマヨネーズであえるのではなく、塩・酢・油ですっきりまとめるのが好き。さらにじゃがいもは、ゆでるのではなく「蒸す」のがこだわり。そのほうが、じゃがいもやグリンピースの甘さが引き立つ。

グリンピースのポテトサラダ
じゃがいもはやわらかく蒸す。グリンピースも加え、5分ほど一緒に蒸す。じゃがいもはフォークで粗くつぶし、ざく切りにしたディル、塩、白ワインビネガー、オリーブオイルを加え、さっとあえる。

2/23

「豆はサラダで」がわが家の定番

ゆで大豆の食べ方は、圧倒的にサラダが多い。固めにゆでて、しっかりとした歯ごたえを楽しむのが好み。パセリや香菜など清涼感のあるハーブやオイルと混ぜると、ぐっと食べやすくなる。

大豆とたこのサラダ
ゆでだこはひと口大に切る。ボウルにゆで大豆、たこ、みじん切りの赤玉ねぎとパセリを入れ、塩、レモン汁、オリーブオイルを加えてあえ、器に盛りこしょうをふる。

器―中里花子

2/24

日持ちしない特別なおやつ

「大口屋」の「餡麩《あんぷ》三喜羅《さんきら》」は、名古屋を訪れたときのお土産の定番。大好きな麩饅頭で、日持ちがしないから早く食べなくてはいけないところも、特別感があっていい。

器―荒井智哉

2/25

麺はパリパリ、あんはトロリで

私が夜に外出する日のお留守番ごはんや、土曜の昼ごはんによく登場する、あんかけ焼きそば。肉も野菜もこれひと皿で取れる安心感。麺は軽く焼いて表面をパリッとさせ、あんかけはトロリ、食感の対比を楽しむ。

あんかけ焼きそばの作り方
▼巻末6ページ

器―市川孝

2/26

今年のぶんの味噌仕込み

味噌作り名人の伯母がいて、日程が合えば、よく一緒に味噌作りをしている。仕込んで寝かせるのは御殿場の祖父の家。涼しい気候がほどよいせいか、わが家で熟成するよりも、ずっと上出来になる。

壺―石見焼

2/27

家族が喜ぶ定番おかず

わが家の男性陣には、「これさえ作っておけばOK」というおかずがいくつかあって、唐揚げもその代表格。粉は薄力粉と片栗粉を使い、中温から揚げ始め、最後に高温にしてカリッと仕上げるのがポイント。

唐揚げの作り方▼巻末7ページ

器｜花岡隆

2/28

揚げた翌日は唐揚げ弁当

片栗粉をまぶした唐揚げは、時間が経ってもカラリとしているのでお弁当向き。夜が遅くなりそうな夫のために、仕事場に持って行くお弁当を作る。唐揚げと常備菜を詰めただけなので、あっという間に完成。

弁当箱―柴田慶信商店

2/29

皮ごと食べたい長いものあえ物

長いもの皮の部分が好きで、「むいてしまってはもったいない」と、まるごと使った料理をよく作る。たわしで洗ってしっかりよごれを取り、ひげ根をのぞいて。何てことない料理だけれど、滋養のある一品。

長いものわさびあえ
長いも250gは皮ごと大きめの乱切りにしてさっとゆでる。わさび小さじ1/3、ナンプラー、ごま油各小さじ2、酢小さじ1、かつお節適量を混ぜ、長いもとあえる。

器―伊賀焼　盆―新宮州三

3/1

春のカレーは
やさしい味わいに

暑い夏はスパイシーなカレーがおいしいけれど、春先は豆といもで、まろやかに仕上げた味が心地いい。お世話になっているカメラマンさんが雲南からアルミ鍋を持ち帰ってきてくれたので、さっそくイエローライスを炊いてみた。

豆カレーの作り方 ▼巻末7ページ

鍋―ストウブ、中国・雲南省産

3/2

母定番の季節のジャム仕事

毎年この時季になると、母が作った甘夏のマーマレードが送られてくる。ジャムの中でも甘夏と杏だけが特に好きなようで、恒例の季節行事になっている様子。皮入りでも苦くなく、おだやかな甘味が何ともうれしい。

壺―石見焼、台湾アンティーク

3／3

ひな祭りにははまぐり料理

わが家に女の子はいないけれど、ひな祭りには茶碗蒸しやおすましなど、はまぐりを使った料理を作りたくなる。かにと錦糸玉子をのせたちらしは、はまぐりの出汁で炊いた酢飯を使っている。

はまぐりちらし寿司の作り方
▼巻末7ページ

器―木曽漆器

3／4

安心安全な牛乳とヨーグルト

出産以来、もう10年以上毎朝飲み、食べ続けている島根「木次乳業」の牛乳とヨーグルト。志あるもの作りで、安心で安全な乳製品を提供してくれている。最近は近所でも買えるようになったのがうれしい。

3／5

マカロニサラダはハワイの味

普段マヨネーズはほとんど口にしないけど、たまに食べたくなってマカロニサラダは作る。ハワイに行くと、つけ合わせとしてよく登場するので、私にとってはハワイの味。

マカロニサラダ
マカロニは袋の表示通りゆでる。にんじんはせん切りにしてさっとゆでる。赤玉ねぎは薄切りにして水にさらし、水けをきる。きゅうりもせん切りにする。材料をマヨネーズ、レモン汁、塩、こしょうであえる。

器―サタルニア

3／6

カップ量りで作る家のおやつ

お菓子作りといえば、カップでざっくり量れるようなものばかり。棒状にして冷凍してカットする、アイスボックスクッキーもそのひとつ。香りが独特なココナッツオイルを活用している。

アイスボックスクッキーの作り方

▼巻末8ページ

3/7

忙しい日の山いも明太子ごはん

撮影が続き、「今日はもう料理をしたくない！」という日の晩ごはん。うちの男子は明太子好き。ごはんさえ炊けば、5分でできるし、山いもで元気が出るし、ワンプレートだから洗い物もラクチンと、いいことづくし。

山いも明太子ごはん
山いもは厚手のビニール袋などに入れ、麺棒で食べやすくたたく。炊き立てのごはんに山いも、薄皮から出した辛子明太子とかつお節をのせ、しょうゆ、酢各少々をまわしかける。

器―山岸厚夫　湯のみ―水野克俊

3/8

北国から届く ほろ苦い春の味

岩手から届いたふきのとうとたらの芽、秋田からはこごみ。東北出身の友人は「山菜は店で買うものじゃない」と、うらやましいことを言う。これらが近所の店に並ぶようになると、いよいよ春の訪れを実感する。

ざる一長野産

3/9

山菜の天ぷらは衣を薄く

山菜のいちばんおいしい食べ方は、やはり天ぷら。さっくり仕上げるために、粉を溶く水は冷水に。衣をつけすぎてしまうと油を吸ってしまい、重たい食感になるので、軽くくぐらせる程度にしておく。

山菜の天ぷら
冷水で溶いた薄力粉に山菜をくぐらせ、中温（170℃）の揚げ油で1分ほど揚げる。器に盛り、塩をふる。

器―安藤雅信

3／10

柑橘を漬けた大人の果実酒

あっさりとしたさわやかな甘味が特徴の日向夏。ラム酒自体に糖分が含まれているので、漬けておくだけで果実酒が簡単にできる。紅茶に数滴たらしたり、炭酸水で割ったり。パウンドケーキに焼き込んでもいい。

日向夏の果実酒

日向夏1個は皮をむき、半月切りにして煮沸消毒した保存瓶に入れる。ローズマリー1枝を加え、ダークラム1と1/4カップを注ぎ、ふたをして冷暗所におく。2週間後に日向夏、ローズマリーは取り出す。風味が変わる前に飲みきる。

瓶―蠣﨑マコト

3/11

香り高い新ごぼうを骨付き肉と煮る

歯ごたえやわらかく、みずみずしく、土っぽいだけでなく、さわやかさもある新ごぼう。スペアリブのややクセの強い脂っぽさを緩和してくれるような気がして、この組み合わせが気に入っている。

新ごぼうとスペアリブの煮物の作り方▼巻末8ページ

鍋—ストウブ

3/12

母がよく作っていた思い出の味

母も料理好きな人で、子どもたちの好物ということから、こんなドリアをよく作ってくれた。今、息子もやっぱりドリア好き。きのこをどっさり入れたり、鶏肉を入れたり。いろんなアレンジで楽しんでいる。

帆立とマッシュルームのドリアの作り方▼巻末8ページ

器―山田洋次

3/13

お返しのホワイトチョコ

「バレンタインデーのお返しを作ってみたい」と息子から言われ、一緒に作ってみたチョコレート。溶かして型に流すだけの簡単なものだったけれど、色が見栄えするので、どうやら大好評だったらしい。

お返しのホワイトチョコ
製菓用ホワイトチョコレートを湯せんで溶かす。湯せんから下ろし、なめらかになるまで混ぜる。オーブンペーパーを敷いたバットに流し、ドライストロベリー、ピスタチオ、プラリネなどを散らし、冷蔵庫で冷やし固める。

3/14

無添加のストレート果汁を使った寒天ジュレ

和歌山でみかん栽培をしつつ、安心な加工品をたくさん作っている「伊藤農園」。ここの「寒天ジュレ」は、ゼラチンではなく寒天を使っているので独特の食感。私はほんの少し苦味のある「あまなつ」が好き。

盆―佃眞吾

3/15

たけのこは手早く煮る

3月半ばを過ぎると、九州産のたけのこが近所の店に並ぶ。鮮度が命のたけのこは、本当はもう少し後に出まわる近郊ものがよいのだろうけど、つい手がのびてしまう。買ったその日にゆで、いろんな料理に応用する。

たけのこの水煮
たけのこは縦に1本切り込みを入れる。米糠を加えた水にたけのこを入れ、火にかける。沸騰したら弱火にし、アクを取りながら1時間煮る。そのまま冷まし、新しい水に取りかえて保存容器に入れ、冷蔵庫で4日間保存可能。

3/16

たけのこは薄く繊細な食感に

たけのこを煮たあと、必ず作るたけのこごはん。アクの少ないやわらかいたけのこを、できるだけ薄く薄く切り、木の芽はどっさりと。こうすると食感や風味がよくなり、洗練された味わいになる。

たけのこごはんの作り方
▼巻末8ページ

鍋—土楽窯

3/17

確定申告後のご褒美旅で

3月の確定申告が終わると、友人たちと台湾旅行に行くのがここ数年の恒例行事。この旅で1年分の台湾茶を買ってくる。お気に入りは「梨山《リーシャン》茶」、もちろん日本で買うよりうんと安く手に入る。

盆—日本製アンティーク
急須・ふた物—岡田直人
小盃—安藤雅信、岡田直人

3/18

台湾風あえ物を のっけごはんに

「豆腐《とうふ》干《かん》」とも呼ばれている干し豆腐は、固く作って水分を抜き、細切りにした豆腐。台湾に行くと買う食材のひとつで、最近は日本でも手に入りやすくなった。切り昆布とあえると、ごはんが進むおかずに。

干し豆腐と昆布のあえ物
干し豆腐はさっとゆで、水けをきり食べやすく切る。戻した切り昆布、細ねぎも食べやすく切り、白ごま、しょうゆ、黒酢、ラー油とあえる。

器｜伊藤環

3／19

ホワイトアスパラのお楽しみは年2回

3月中旬に九州産、6月に入ると北海道産。国産のホワイトアスパラガスは、年に2回の時季がある。時間が経つと筋ばってしまうので、買ったその日にさっと蒸す。蒸してオイルに漬ければ、2〜3日は保存可能。

蒸しホワイトアスパラガスのオイルがけ

ホワイトアスパラガスは皮の硬い部分を薄くそぎ、12分蒸す。器に盛り、オリーブオイルをまわしかけ、塩、粗く刻んだ黒こしょうをふる。

器―フランス製アンティーク

漬け物を焼き込んだ台湾風玉子焼き

台湾土産「菜脯《ツァイフー》」は、日本のたくあんに似た、切り干し大根のお漬け物。これを玉子焼きにした「菜脯蛋《ツァイフーダン》」は、ポピュラーな台湾料理のひとつ。焦げ目をしっかりつけて焼き上げるのがコツ。

台湾風玉子焼き

菜脯(またはたくあん)50gは細切りにし、卵2個、紹興酒小さじ2と混ぜる。小さめのフライパンに多めのごま油を熱し、卵を流し入れる。両面にしっかり焼き目をつける。

器―伊藤環

3/21

色の美しさにも見惚れるわらび

山菜が目白押しとなってきたこの季節、わらびも必ず買いたいもののひとつ。水煮が売られているけれど、自分で煮たほうが歯ごたえもよく、風味がまったく違う。そばやあえ物、煮物にと、幅広く活躍する。

わらびの水煮
わらびは根元を切りそろえ、切り口に重曹少々を付ける。熱湯に重曹を加えてよく混ぜ、火を止める。わらびを入れて落としぶたをし、そのままひと晩おく。水を捨て、軽くすすぎ、さらに新しい水につけておく。冷蔵庫で3日間保存可能。

バット―無印良品

3/22

筑前煮には季節の素材を入れて

昔ながらの常備菜的なおかず・筑前煮も、わらびやたけのこを入れると、一気に春らしい料理になる。そんな風に「いつものおかず」と、旬素材との組み合わせ方を考えると、毎日の料理も楽しくなると思う。

筑前煮の作り方▼巻末9ページ

器―伊藤環

3/23

生の豆と乾物の豆で二色のおこわ

「生と乾物、こんな組み合わせもありかな」と作ってみたら、緑と黒の対比がきれいな、空豆と黒豆のおこわが完成。黒豆は煮るより蒸すほうが、豆のうま味が立つと思う。

空豆と黒豆のおこわの作り方
▼巻末9ページ

蒸籠一照宝

3/24

作れる調味料は手作りで

尊敬する料理家・荻野恭子先生のレッスンに参加して、豆板醤の作り方を教わった。生空豆と唐辛子、塩を混ぜ、発酵させていくだけ。市販品が出まわっているものも、自分で作ると安心だし、たくさんの発見がある。

すり鉢―伊藤環　ざる―竹虎

シチリア生まれのデザートワイン

おみやげでいただいた上等なマルサラ酒。ティラミスなどのお菓子や、豚肉のソテーなど料理にも活用されるけど、私はくだものにかけて食べるのが好き。ふくよかな香りをかぐと、ますますシチリアへの憧れが増していく。

りんごのマルサラ酒がけ
りんごは皮ごと食べやすい大きさに切り、マルサラ酒をまわしかける。好みでカチョカバロやビスケットを添える。

カッティングボード―イタリア製

3／26

果実のように甘い春先のかぶ

寒さの中でしっかり甘味をたくわえたかぶは、驚くほどのみずみずしさ。歯ごたえを残すよう厚めに切って、ほろ苦いトレビス、ミルキーなモッツァレラとともに、シンプルなサラダに。

かぶとモッツァレラのサラダ

かぶは厚めに皮をむき、2㎝角に切る。トレビスとモッツァレラは食べやすくちぎる。かぶとモッツァレラをレモン汁、オリーブオイル、塩、こしょうであえ、器に盛り、トレビスを添える。

器―あわびウェア

3/27

昔ながらの酸味があるいちご

家から車で十数分のご近所に、いちごをメインで育てている農園がある。どちらかというと小粒で、酸味がしっかり。子どもの頃に食べていたいちごの味わいに近い気がして、毎年楽しみに伺っている。

器―辻和美

3/28

春巻きにすれば野菜もご馳走

春巻きが好き。何でも巻いて揚げてしまえば、特別感が出るのがすごい。やわらかな食感がうれしい春キャベツには、バジルを隠し味に加えた。細めに巻くと皮の層が厚くなり、パリッと歯ごたえが生まれる。

キャベツの春巻きの作り方
▼巻末9ページ

器ー志村睦彦

3/29

新じゃがを甘辛く煮っころがし

皮が薄く、しゃきっとした食感の新じゃがは、ホクホクとはまた違った、この季節ならではのおいしさ。じゃがバターもいいし、ローストしてもいい。シンプルな調理法がよく似合う。

新じゃがの煮っころがし

新じゃが10〜15個を鍋に入れ、昆布5㎝角、酒1/4カップ、ひたひたの水を加え、火にかける。煮立ったら弱火にし、竹串がすっと通るくらいまで煮る。みりん、しょうゆ各大さじ2、ごま油大さじ1を加えて強火にし、とろみが付くまで煮からめる。

器—吉田直嗣

3/30

大人になって知った花わさびの味

春先の素材は、透明感があると思う。水がきれいなところで収穫できる山菜・花わさびもそんな素材のひとつ。ほんのりピリリとする独特の辛味が特徴で、澄んだお出汁で味わうのが好み。

花わさびのおひたし
花わさびは熱湯で30秒ゆで、冷水に取る。水けをきり、出汁1/2カップ、ナンプラー大さじ1を混ぜたものにひたす。

器―中本純也

3／31

手軽に作れる蒸し鶏のあえ物

蒸し鶏さえ作っておけば、いつでも作れるおかずのひとつ。薬味を大葉やスプラウトに変えたり、味付けをレモン風味やごまだれにしたり。ちょっとした箸休めにも、お弁当のおかずにも、重宝する一品。

蒸し鶏のあえ物
鶏むね肉に酒、砂糖をまぶして、20分蒸す。蒸籠から取り出し、冷めたら手で食べやすくさき、味噌、酢、ごま油であえる。器に盛り、せん切りにしたみょうがを散らす。

器｜出西窯

4／1

かさばるけど欠かせないお土産

旅仲間の間では「スーツケースが麺だらけになる」と人気の「塩水《キャムツィ》意麺《イーミエン》」。台湾を訪れるたびに買う定番のお土産。お気に入りの食べ方は、「にらの醤」（12／11参照）などと混ぜ、あえ麺にする方法。

塩水意麺は台南発祥の乾麺。台北市内で開催される「雙連朝市（シュアンリエンザオスー）」で購入することができる。

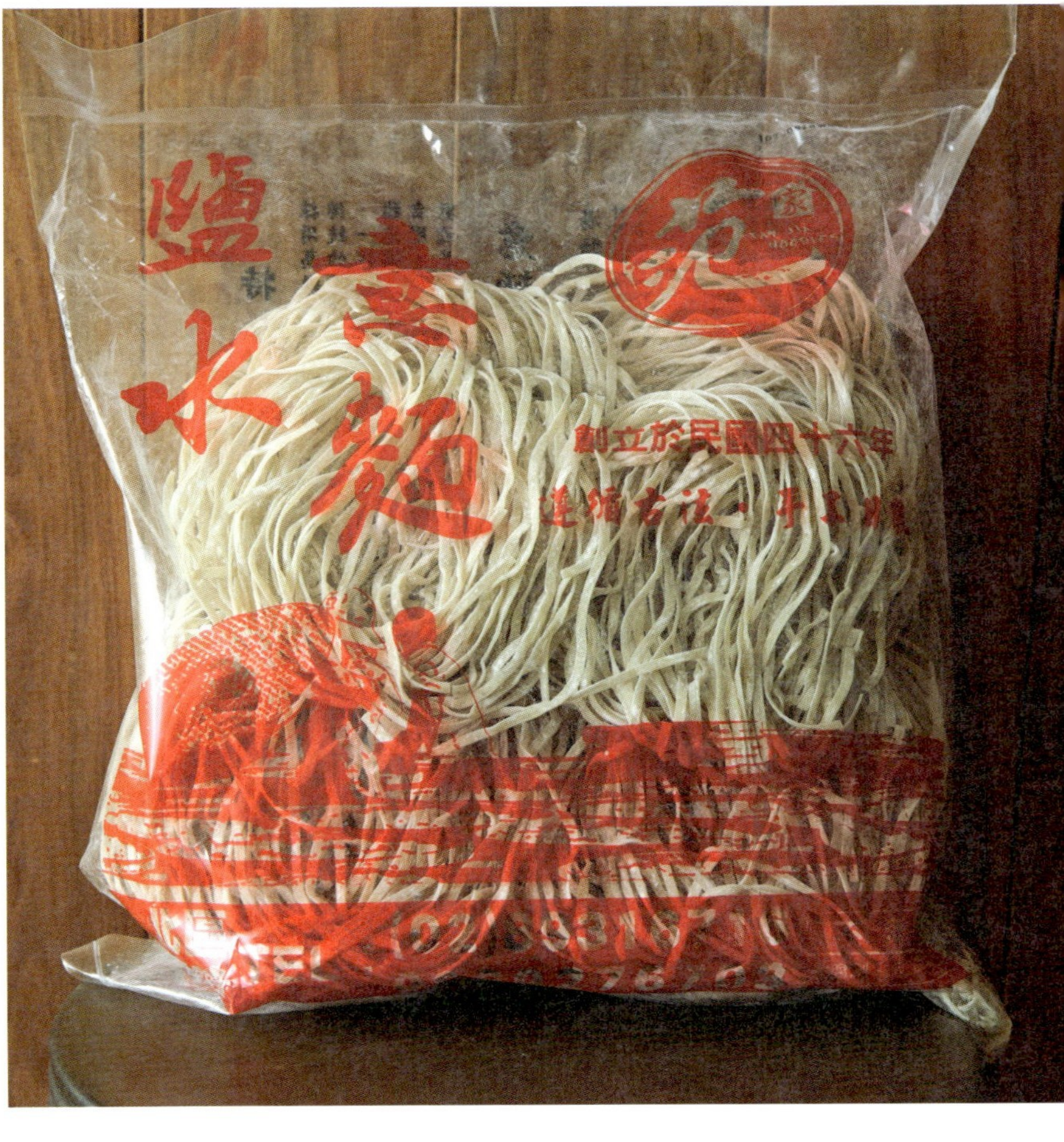

4/2

焼きで味わう菜花のほろ苦さ

菜花はゆでて食べることが多いけれど、強火でさっと焼くと、春ならではの勢いが感じられる料理になる。水けが出る前に短期間で火を入れるのがポイントで、アンチョビの塩けでシンプルに味わう。

菜花のアンチョビ焼き

菜花は食べやすい大きさに切る。フライパンにオリーブオイルとつぶしたにんにく、アンチョビを強火で熱し、菜花を入れる。軽く焦げ目がついたら白ワイン少々をまわしかけ、さっと蒸し炒めをする。

器―フランス製アンティーク

4／3

老舗洋菓子店の春の限定缶

ちょっとしたおつかいものや、撮影時のおやつとして。困ったときに頼りにしている「銀座ウエスト」のドライケーキ。春やクリスマスに発売される限定缶の柄が楽しみで、つい毎年チェックしてしまう。

4／4

うどとみょうがを梅酢でマリネ

「山菜リレー」と呼びたくなるような、春の日々。うども、もちろん大好きな山菜のひとつで、生でそのまま食べられるのもうれしい。厚めにむいた皮はお味噌汁に活用して、芯のほうはさっぱりとした梅酢あえに。

うどとみょうがの梅酢あえ
うどは斜め薄切りにし、酢水にさらす。水けをきって、薄切りにしたみょうがと合わせ、白梅酢でさっとあえる。

器―イタリア製

4／5

翌日は柑橘とマリアージュ

うどの季節に必ず作る定番料理が、柑橘類とのマリネ。うどの淡白な風味に、くだものの酸味と、醸造された酢の酸味が合わさると、何とも言えないおいしさに。うどは切り方を変えると、食感も変化する。

うどとグレープフルーツのマリネ
うどは大きめの短冊切りにし、酢水にさらす。水けをきって、房から出したグレープフルーツと合わせ、塩、白ワインビネガー、オリーブオイルを加え、さっとあえる。

器―イタリア製

4／6

走りのびわをガラスに盛って

料理撮影が終わり、スタッフみんなで試食のあとは、くだものを出すことが多い。旬真っ盛りなものを出す日もあれば、出始めのものを食べることも。「わあ！」と歓声が上がると、こちらまで嬉しくなる。

器―辻和美

4/7

新じゃがをシャキシャキに炒める

じゃがいもといえば「ホクホク」のイメージが強いけど、新じゃがの季節は、しゃきっとした食感を楽しめる時期。このあえ物を初めて食べた人は「これがじゃがいもですか?」と、驚くことも多い。

新じゃがのナンプラーあえ

新じゃがいもは細めのせん切りにして水にさらし、熱湯で40秒ゆでてざるに上げる。ざく切りにした三つ葉と合わせ、ナンプラー、黒酢、ごま油とあえる。

器―吉田直嗣

4/8

ほたるいかに
ハーブを効かせて

春先が旬のほたるいかは、和のイメージが強い食材だけど、ハーブの香りを足すと、生ぐささが抑えられ、洗練された味わいに。傷みが早い素材なので、買ったその日に調理して。

ほたるいかのハーブマリネ
ボイルほたるいかは、水でさっと洗い、水けを拭き、目を取る。にんにく薄切り、レモン汁、ローズマリーの葉、オリーブオイルとさっとあえ、器に盛り、こしょうをふる。

器―辻和美

4/9

おすそ分けは気軽なラッピングで

ジャムやコンポート、佃煮や保存食などを作ることが多いわが家。瓶づめのおすそ分けは、日常茶飯事。海外旅行をしたときに現地の新聞紙などを取っておいて、こんな風に気軽に包んで渡したりする。

4／10

ババロアにレモンの皮を散らして

卵と牛乳の香りがどこかなつかしい、ぷるんとしたババロアは、家で作るお菓子の代表選手。レモンの皮を散らすと、すっと風が抜けるような清涼感が生まれ、ちょっとしたおもてなしにもふさわしくなる。

ババロアの作り方
▼巻末10ページ

4/11

揚げたさばは野菜と合わせる

脂がのったさばは、肉に負けないボリューム感があり、主菜にしやすい魚のひとつ。唐揚げにして野菜と合わせる食べ方が好きで、たたいたきゅうりやざく切りにしたトマトなどとあえても、おいしいと思う。

さばの香菜あえ

さばは食べやすく切り、酒、しょうゆ、おろししょうがで下味をつけ、片栗粉をまぶして中温（170℃）の揚げ油で揚げる。薄切りにして水にさらした赤玉ねぎ、ざく切りにした香菜と合わせ、黒酢、しょうゆでさっとあえる。

器―江戸後期アンティーク

4／12

おやつにうれしい新潟の郷土菓子

表参道に寄ったときは、アンテナショップ「表参道・新潟館ネスパス」に足を運ぶのが楽しみ。お目当ては、よもぎ団子を笹の葉で包んだ「笹団子」。抗菌効果のある笹を使ったパッケージは、ほれぼれするほどグッドデザイン。

ざる｜長野産

4／13

しらすの塩けが調味料代わり

みずみずしくやわらかな春キャベツの甘味には、しらすのやさしい塩けが似合うと思う。材料は最小限に、味付けはこしょうとレモン汁、オリーブオイルだけ。余計な味付けはいらない。

キャベツのしらすあえ
春キャベツはせん切りにし、軽く塩もみして、汁けをきる。レモン汁、オリーブオイル、こしょうとあえ、器に盛る。しらすをたっぷりのせ、輪切りにしたレモンを添える。

器―フランス製アンティーク

4/14

赤玉ねぎのシンプルピクルス

ソテーした肉や魚にのせたり、ポテトサラダやあえ物に加えたり。地味だけど、あると確実に役立つ、玉ねぎの酢漬け。赤玉ねぎで作ると色もきれいで、残った漬け汁は、オイルを加えて簡単ドレッシングにも。

赤玉ねぎのピクルス
赤玉ねぎ1個は縦に薄切りにし、保存容器に入れる。小鍋に酢、水各1/4カップ、砂糖大さじ1、塩小さじ1を入れて煮立たせ、熱いうちに容器に注ぐ。冷めたら冷蔵庫で2週間保存可能。

4/15

高菜で味付けたチャーハン

台湾では、高菜漬けを調味料的に使った料理が多い。日本のものとくらべ酸味が強く、ほのかな苦味、辛味が特徴で、炒めものやチャーハンにぴったり。日本製を使うときは、塩けは充分あるので、塩は加えないでOK。

高菜チャーハン
フライパンにごま油小さじ2を熱し、溶き卵2個分をさっと炒めて取り出す。ごはん300g、刻んだ高菜漬け80gを加え、よく炒める。味が足りなければしょうゆ小さじ2、塩少々で味を調え、玉子を戻し入れ、炒め合わせる。

中華鍋—照宝

4/16

安心のお茶漬けの素

息子が一時期お茶漬けに凝っていて、「化学調味料を使っていないお茶漬けの素を」と探したことがあった。「菊乃井」の「お茶漬のもと」は、塩分控えめなので、塾帰りの夜ふけでも、安心して食べさせられる。

器―赤木明登

4/17

ハーブをまぶすと新鮮な味わい

「魚に春」と書くさわらは、この季節を代表する魚のひとつ。淡白で食べやすく、しょうゆやみりんなど和の調味料はもちろん、洋の味付けにもよくはまる。最近は高級魚になりつつあるのが、ちょっぴりさみしい。

さわらのハーブソテー
さわらは塩をふってしばらくおき、水けを拭く。薄力粉を薄くはたき、オリーブオイルを熱したフライパンで両面を焼く。白ワイン、ミックスハーブ、塩をふってからめ、器に盛り、オリーブオイルをまわしかける。

器―サタルニア

4／18

休日の朝ごはんに アボカドトースト

アボカドとピーナッツバターは、ベトナム料理などでもおなじみの組み合わせ。クリーミーな食材同士に、香菜の清涼感を加えると、ぐっと食べやすくなる。香菜が苦手な息子には、パセリで代用する。

アボカドトースト
ざく切りにした香菜、1cm角に切ったアボカドをナンプラー、レモン汁、オリーブオイルであえる。ピーナッツバターを塗ったトーストにのせ、こしょうをふる。

器―アメリカ製ビンテージ

4/19

絹さやが主役のシンプルナムル

煮物やサラダの彩りなど、いつもは脇役になりがちな絹さやを、どーんと主役にして、たっぷり食べられるように。シャキシャキとした歯ごたえを残しつつ、できるだけ細く、繊細に切るのがポイント。

絹さやのナムル
絹さやは歯ごたえを残すようにさっとゆで、斜め細切りにする。塩、黒酢、ごま油であえる。

器ー安齋新・厚子

4／20

子どもの頃から好きな常備菜

小さな頃から好物で、母がよく作ってくれたおからの煮物。出汁を吸ったおからの、何とも言えないおいしさよ。常備菜と呼ばれるものだけど、実はでき立てがいちばんおいしいと思っている。

おからの煮物
にんじん、こんにゃく、油揚げを細切りにし、しょうゆ、みりんを加えた出汁で煮る。にんじんに火が通ったら火から下ろし、フライパンで乾煎りしたおからを加える。

すり鉢―原泰弘

4／21

生とドライのトマトを味わう

うま味が凝縮したドライトマトは、味わいのアクセントとして調味料的に使える。ある撮影の日、思い付きでフレッシュなトマトとマリネしてみたら、大好評。以来わが家では、定番の一品になった。

トマトとドライトマトのマリネ
ドライトマトはみじん切り、ミニトマトは半分に切る。つぶしたにんにくを加え、塩、赤ワインビネガー、オリーブオイルであえる。

器―フランス製アンティーク

4/22

かき揚げの衣は薄く、軽やかに

衣が厚いと油を吸いすぎて重たくなるので、「かき揚げの衣は極力薄く！」が私のこだわり。具をすくったお玉ごと油に入れて、具が広がったら菜箸でつまみ、中央にまとめるのをくり返しながら、ひとかたまりになるのを待つ。

新しょうがと新ごぼうのかき揚げの作り方▼巻末10ページ

器─中本純也

4/23

生ひじきをサラダ感覚で

乾燥していない、みずみずしい生のひじきが手に入るこの季節は、サラダのようにたっぷりと食べたい気持ちがはやる。さっとゆでると生ぐささが消え、食べやすくなる。さわやかな山椒の香りを添えて。

ひじきと新玉ねぎのあえ物
生ひじきは熱湯で20秒ゆで、新玉ねぎは薄切りにし、水にさらす。塩、酢、ごま油とあえ、器に盛り、粉山椒をふる。

器―安藤雅信

4／24

あげてうれしい、もらってうれしい

「近江屋洋菓子店」のある神田淡路町は、まわりにお世話になっている出版社も多く、手土産にいただくことが多い「フルーツポンチ」。シロップが甘すぎないのも好みだし、見た目も可愛く、自分が人に贈るときにも、何だかうれしい一品。

4/25

野ぶきを見つけたら

野山に自生する「野ぶき」は、一般的なふきよりも細く、味わいも緻密。うちの近所では、静岡産のものが毎年並ぶ。時間が経つほど繊維が固くなるので、買ったその日中に調理をする。

4/26

味加減が好みなきゃらぶき

保存性を高めるせいか、市販の佃煮は味が濃い。きゃらぶきみたいなごはんのお供は、自分で作るほうが好みの味にできてうれしい。野ぶきはアクが強いので、重曹を使ってしっかりゆでこぼしを。

きゃらぶきの作り方

▼巻末10ページ

器―中里花子

4/27

サラダ用に春雨を常備する

焼き豚入れたり、きくらげ加えたり。実家の定番料理だった、春雨サラダ。「もう一品足りないな」というときのお助けメニューでもあって、わが家でも春雨は常にストック。ごまをたっぷりふりかけるのが好き。

春雨のサラダ
戻した春雨はさっとゆで、食べやすく切る。細切りにした薄焼き玉子、きゅうり、ちくわと合わせ、しょうゆ、黒酢、ごま油とあえる。器に盛り、白ごまをふる。

器―木下宝

4/28

甘い新玉ねぎをお味噌汁に

新玉ねぎをお味噌汁にするときは、ゴロンゴロンと大きめのくし形切りにしたものを入れて楽しむ。やわらかな食感と独特の甘さ、そこに塩けの効いたいりこ出汁。粉山椒をふると、ピリリと引き締まる。

新玉ねぎのお味噌汁
いりこ出汁にくし形切りにした玉ねぎを入れてさっとゆで、味噌を溶き入れる。器に盛り、粉山椒をふる。

器―吉田次朗

4/29

手軽にできるしらすスープ

出汁にしらすを加えただけの簡単スープは、台湾料理でもおなじみ。冬はコトコト煮たスープがおいしいけれど、春はこんなさっと煮スープが心地よく感じる。香り高いあおさもたっぷり入れて。

しらすスープ
いりこ出汁にあおさ、しらす、せん切りにしたしょうがを入れさっと煮る。しょうゆ、酢で味を調え、白ごまをふる。

器―水野克俊
れんげ―安齋新・厚子

4／30

葉っぱをメインに買う葉付きにんじん

この季節にだけ手に入る、葉付きにんじん。葉は上質なハーブのようで、それ目的で買いたくなるほど。さっとゆでてくるみあえにしたり、かき揚げにしたり。小ぶりなにんじんも、ピクルスにポトフにと、重宝する。

ざる―竹虎

5/1

新わかめの風味を そのまま生かして

春に採れる天然わかめの新芽を天日で乾燥させた、福井「天たつ」の「もみわかめ」。熱々の炊き立てごはんにのっけたり、ゆでた青菜とあえたり。戻す必要がなく、すぐに使えるのが便利で、大瓶で取り寄せている。

5/2

シンプルなそばは引き算料理

料理を作り、食べる仕事なので、普段はどうしても過食になりがち。なので差し引きをする「引き算料理」が常に必要で、そばは登場回数が多いもののひとつ。繊細な芽ねぎがあれば、それだけで心がうんと潤う。

芽ねぎそば
ゆでたそばに麺つゆをかけ、せん切りにした「みょうがの甘酢漬け」(5/12参照)、芽ねぎを散らす。

器ー一柳京子

5／3

フレッシュな桜えびで丼ぶりめし

毎年この時期、静岡市由比では「桜えびまつり」が開催されるとか。そんな催しがあるのを知ってから、ゴールデンウィークに桜えびを食べることが多くなった。乾燥じゃないものをいただけるのは今だけ、これもまた季節の味わい。

桜えび丼

炊いたごはんに釜揚げの桜えびをのせ、ごま油、しょうゆをまわしかけ、白ごまをふり、レモンをしぼる。

器―堀仁憲　ガラス器―木下宝

5/4

お稲荷さんをわっぱに詰めて

運動会や人のお宅にお呼ばれするときなど、持っていくとたいてい喜ばれる稲荷寿司。油揚げさえ事前に煮ておけば、準備はラクチン。酢飯はあらかじめ軽く丸めておくと、詰めるときもするっときれいに収まる。

稲荷寿司の作り方▼巻末10ページ

わっぱ―柴田慶信商店

5／5

子どもの日の和菓子ふたつ

男の子がいる家なので、桃の節句よりは、端午の節句のほうがなじみ。五月人形を出す時期になると、「とらや」の小形羊羹「五月のぼり」や、「鶴屋吉信」の「五月晴れ」を買ってきて、お茶をするのが楽しみになる。

器―ちきりや手塚万右衛門商店

5／6

なくてはならない
盛り付け箸

家庭料理の盛り付けは、「勢い」がおいしそうに見える秘訣だと思う。ざっくり勢いよく盛った料理を、先の細い盛り付け箸で、ほんの数箇所直すのがコツ。これがないと、料理はできないと思うほど、大切な道具。

菜箸｜市原平兵衛商店「もりつけ箸」など

5／7

小さめのあじを
新鮮なうちに

ケータリングの仕事をしていた頃によく作り、そのたびにすごく喜ばれたあじの南蛮漬け。骨が細く小さいうちに作ると、丸ごと食べられてお得な気分。野菜もごまも、トッピングをたっぷりのせるのが好き。

豆あじの南蛮漬けの作り方
▼巻末11ページ

5／8

釜揚げしらすが手に入ったら

鎌倉に住む母が、たまに買ってきてくれる釜揚げしらす。そんな日は、こんなシンプルパスタを作りたくなる。細めのパスタをゆで、材料をのせるだけ。しらすの塩けで、するすると食べられてしまう。

しらすのパスタ
フェデリーニは塩を加えた熱湯で袋の表示通りゆで、冷水でしっかりしめる。器にフェデリーニを盛り、しらす、岩のりをのせ、ナンプラー、酢、ごま油を混ぜたものをまわしかける。

器―安藤雅信

5／9

ポテトチップスは夏の予告編

普段はあまり食べないけれど、海辺で食べるポテトチップスは格別で、夏らしい陽気になると、不思議と手をのばしたくなる。シンプルな塩味がじゃがいもの味を引き立てる、「明治屋ストアー」で購入した「松浦食品」のポテチがお気に入り。

5／10

出汁は濃い目なオクラの煮びたし

この時季は売り場にも夏野菜がたくさん並ぶようになるけれど、梅雨前は生で食べるより、少し火を入れたほうが体にもなじみやすい。出汁でさっと煮ておくと、あえ物や麺類のトッピングなど、いろんな料理に応用もできて便利。

オクラの煮びたし
オクラは板ずりする。鍋に濃い目の昆布出汁、酢、塩少々を入れて火にかけ、沸騰したらオクラを入れ、さっとゆでる。火を止め、そのまま冷ます。

器―崔在皓

5／11

鉄分豊富なうずらの卵

小さくても栄養満点なうずらの卵は、小さい頃に食が細かった息子に、よく食べさせた食材のひとつ。ゆでておいて、煮込みに入れたり、ピクルスにしたり。料理に入れるだけで何だか心が躍るから不思議。

ボウル—コンテ「まかないボウル」

5/12

色もきれいな みょうが甘酢漬け

みょうがは甘酢漬けにしておくと、日持ちがするし、色もきれいなピンク色のまま。箸休めにするのはもちろん、みじん切りにしてごはんに混ぜたり、細切りにして麺類や焼き魚に添えたり、使い勝手のいい一品に。

みょうがの甘酢漬け
小鍋に酒、酢、水各1/4カップ、砂糖大さじ1、塩小さじ1、昆布3cm角1枚を入れ、火にかける。沸騰したら保存容器に入れたみょうが8本に注ぎ、そのまま冷ます。冷蔵庫で2週間保存可能。

保存容器―家事問屋

5/13

豆腐が余ったらパンケーキに

白あえやお味噌汁に使って、豆腐が半丁余ったときなど、翌日にパンケーキを作ることが多い。豆腐の水分ごと生かし、ヨーグルトも加えて。生地自体はあまり甘味を入れず、メープルシロップで甘さを加減する。

豆腐のパンケーキの作り方
▼巻末11ページ

器―アメリカ製ビンテージ
フォーク―フランス製アンティーク

5/14

新鮮なあじは自作で干物に

「干物は自分で作れますよ」と言うと、「え!」と驚かれることが多いけど、作り方は実は簡単。余計なものは入らないから安心だし、乾き具合もふっくらやわらかめに自分で調節できるし、いいことづくめ。

あじの干物
あじは開き、内臓を取って洗い、塩分5%の塩水に2~3時間漬ける。水けを拭き、ざるに上げ、日の当たらない風通しのいい場所で2~3時間乾燥させる。

ざる—竹虎

5／15

ガパオライスはお弁当の定番

タイの定番料理、ガパオライス。ひき肉を炒め、目玉焼きをのっけるだけなのでラクチン。何より子どもの好物なので、登場回数は多い。お弁当のときは家で食べるより、目玉焼きをしっかり焼くのがポイント。

ガパオライス弁当
玉ねぎ、しょうがをみじん切りにし、豚または鶏ひき肉と炒める。酒、ナンプラーを加え、汁けがなくなるまで炒める。弁当箱に炊いたごはんを入れ、ひき肉をのせ、目玉焼きを重ね、白ごまをふる。かぼちゃのサラダ、大豆のサラダ、ゆでたスナップえんどうを添える。

5/16

夏を思う抹茶ドリンク

京都「一保堂茶舗」の「宇治清水」は、水で溶いて楽しむ砂糖入り抹茶。子どもの頃、夏によく飲んでいて、光に夏の気配を感じたら飲みたくなる思い出の味。息子と一緒のときは、牛乳や豆乳で割ることが多い。

グラス―メキシコ製
器―ポルトガル製

5／17

ジェノベーゼは夫の大好物

バジルにパルミジャーノをたっぷり加えたソース・ジェノベーゼは、夫の大のお気に入り。新鮮なバジルがたくさん手に入ったら、必ず作るようにしている。パスタはもちろん、焼き魚やパンに塗ってもおいしい。

ジェノベーゼ
フードプロセッサーにバジル50g、松の実30g、パルミジャーノ・レッジャーノ50〜60gを入れ、攪拌する。オリーブオイル1/2カップと混ぜ、塩少々で味を調える。チーズの塩分量で塩の量は加減する。

5／18

手にするのが楽しい洋野菜

昨日は仕事で「鎌倉市農協連即売所」、略して「レンバイ」へ。地元の農家さんが作る野菜はどれも新鮮でお手ごろ、めずらしい洋野菜も豊富。今回手に入れたコールラビーは、細切りにして、肉と炒め物にするつもり。

ざる｜長野産

5／19

酸辣湯《サンラータン》に春雨を入れて

温度も湿度も高まってくると、酸っぱくて辛い酸辣湯がおいしく感じる。スープとして楽しんだ翌日は、春雨を入れて、アレンジすることが多い。ざく切りにした香菜、白ごまをふれば、最後までおいしく食べられる。

酸辣春雨の作り方 ▼巻末11ページ

器─中本純也

5／20

大きくなる前に稚あゆの山椒煮

大きく成長する前のあゆの子ども、稚あゆはやわらかく、特有の香りも弱め。一般的には甘露煮が有名だけど、さわやかな山椒と一緒にさっと煮るのが、おいしいと思う。鮮度が命、手に入れた日に煮るのが鉄則。

稚あゆの山椒煮

小鍋に酒、みりん、昆布、「実山椒の水煮」(6／5参照)を入れて火にかけ、ひと煮立ちしたら稚あゆを入れてさっと煮る。しょうゆを加えて弱火にし、落としぶたをして20分煮る。火を止め、そのまま冷ます。

器—崔在皓

5／21

楊貴妃が愛した果実・ライチ

ここ数年、台湾から生のライチが空輸されるようになって、近所の店でも手に入るようになった。上品な甘さと香り、いかにも「異国のフルーツ」という感じがして、ついうれしくなって手がのびる。

5/22

つるんと食べられる白玉デザート

白玉粉はわが家の常備品のひとつ。さっと練ってスープに入れたり、おやつが何もないときも、あっという間に一品できる。水を加える代わりにつぶした豆腐にすると、さらにモチモチした食感を楽しめる。

白玉の冷やししるこ

白玉粉に水を注ぎ、耳たぶくらいの固さに練る。直径2㎝に丸め、熱湯で2分ゆでる。浮き上がったら冷水に取る。こしあんに水、塩少々を入れ、ひと煮立ちさせて火を止め、冷ます。氷と器に盛り、白玉を入れる。

器―辻和美

5/23

ごはんが進む なすの常備菜

油を吸ってトロトロになったなすを味噌としょうゆで味付けした常備菜・なす味噌。炊き立てごはんにのっけたり、素麺にかけたり、冷奴にのせたり。ちょっぴりとろみのある食感も魅力。

なす味噌

なすは1cm角、長ねぎは小口切りにする。豚ロース薄切り肉はひと口大に切り、片栗粉をまぶす。フライパンに多めのごま油を熱し、豚肉、なす、長ねぎを炒める。しんなりしたら味噌、みりん、酒を合わせて加え、汁けがなくなったらしょうゆ少々を加えて炒め、七味唐辛子をふる。

器―江戸後期アンティーク

5/24

目にも涼やかな初夏の和菓子

お土産にいただいた東京・神保町「御菓子処さゝま」の生菓子。「紫陽花」「玉川」「久寿桜」。季節のモチーフをかたどる折り目正しいお菓子を見ていると、「自分もきちんとしよう」と、背筋がのびる。

5／25

おかひじきが食べたい

露地物のおかひじきは、4月から6月が旬。この時季になると、こんなおかずが無性に食べたくなる。シャキシャキした歯ごたえが身上なので、ゆですぎないことが大切。ナンプラーの塩けで引き締めて。

おかひじきと豚肉のナンプラーあえ
おかひじき、豚ロース薄切り肉はそれぞれさっとゆで、食べやすく切る。ナンプラー、黒酢、ごま油とあえる。

5/26

ハワイで食べた思い出のフルーツ

ハワイでは「リリコイ」と呼ばれるパッションフルーツ。モロカイ島に住む友人宅の庭には、リリコイが山のようになっていて、採り放題だった。その旅以来、大好きになったくだもの。日本では沖縄産が手に入る。

器―辻和美

5/27

ときには
シンプル素麺

ときどきわが家に登場する、素うどんならぬ、素・素麺。息子は大の素麺好きで、ポットに麺つゆを入れて、お弁当に持っていくほど。のどごし命の食べ物なので、ゆですぎず、冷水できっちりしめていただく。

桶 一司製樽　猪口 一安齋新・厚子

5/28

食感やわらかな姫たけのこ

孟宗竹《もうそうだけ》のたけのこシーズンが一段落したら、姫たけのこの季節がやって来る。アクが少なくさっと煮られて、歯ごたえもよくて。まずはゆでてそのまま塩とオイルで。煮物やサラダ、天ぷらでも楽しめる。

5/29

にんにくの芽をソースに

普段売られているにんにくの芽は、ほとんど中国産の輸入物だけど、5月から6月にかけては、みずみずしくやわらかい国産物が手に入る。細かく切ってソースのように肉とからめると、食べやすくなる。

鶏肉のソテーにんにくの芽がけの作り方▼巻末12ページ

器―小谷田潤

5/30

湯のみはミニサイズをいろいろと集めて

撮影時にスタッフに出すお茶は、一般的な湯のみより小さな、ぐい飲みサイズの器で出すことが多い。熱いうちにすぐに飲みきれるし、いろんな種類のお茶を楽しんでもらえる。形がそれぞれ違うので、マイカップの目印にも。

急須－城進
器－右から 上泉秀人、伊藤聡信、花岡隆

5/31

梅仕事の始まりは小梅から

この季節、何度か買っては続く梅仕事。今年の生育具合を確かめたくて、出始めの小梅を見かけるとつい手がのびる。今回の小梅は、梅干しか、カリカリ梅か。水につけながら考えるのも、また楽し。

6/1

すっきりして香ばしい麦茶をゼリーに

小学生男子がいるわが家では、麦茶を煮出すのは年中行事。それでも夏がめぐってくると、この独特の香ばしさがことさらおいしく感じられる。6月1日は「麦茶の日」らしく、ゼリーに仕立ててみた。

麦茶ゼリー
濃い目に煮出した麦茶1と1/2カップにてんさい糖大さじ3、ゼラチン5gを溶かし、冷蔵庫で冷やし固める。器に盛り、好みできな粉をふる。

グラス―中山孝志

6/2

香りを楽しむ クレソンのおひたし

ほろ苦さとさわやかさが魅力のクレソンは、好物のひとつ。近県へキャンプに出掛けたときなどに、露地物が手に入ると得した気分。シャキッとした歯ごたえを残したいから、火入れの時間は最低限に。

クレソンのおひたし

小鍋に昆布出汁3/4カップ（戻した昆布ごと入れる）、酒大さじ1、薄口しょうゆ大さじ1/2を入れて火にかけ、煮立ったらクレソン3束を入れてひと煮立ちさせ、火を止めてそのまま冷ます。

器―安齋新・厚子

6/3

初夏に出まわる新しょうが

筋が少なく、辛味がおだやかな新しょうが。この時季に甘酢漬けにしておくと、混ぜ寿司や煮魚に添えたり、あえ物やマリネに使ったりと、薬味として幅広く使えるので便利。

新しょうがの甘酢漬け

新しょうが200gはスプーンで皮をこそげ取り、薄切りにしてさっとゆで、ざるに上げる。粗熱が取れたら耐熱の保存容器に入れる。小鍋に酢3/4カップ、てんさい糖大さじ4、塩小さじ1を沸かし、熱いうちにしょうがにふりかける。冷蔵庫で3週間保存可能。

保存容器｜野田琺瑯

6／4

6月初旬から解禁
あゆを洋風にアレンジ

あゆはシンプルな塩焼きがいちばん好き。オリーブオイルにほんのちょっとの酸味を加えれば、とたんに白ワインにも合う一品になる。

あゆの塩焼き
あゆの塩焼きに粗く刻んだ黒こしょうを散らし、レモン汁、オリーブオイルをまわしかける。

器―オランダ製アンティーク

6／5

山椒が出まわると そろそろ梅雨入り

梅仕事に山椒仕事、6月は季節の仕込みものが続き、気忙しい。それでもさわやかな山椒の香りをかぐと、気持ちがしゃんとする。鮮度が大切なので、買ったらすぐにとりかかるのが大事。

実山椒の水煮

実山椒250gは枝を取りのぞく。小鍋の熱湯に塩小さじ1を加え、実山椒を2回ゆでこぼし、ざるに上げる。保存容器に実山椒を入れ、1カップの熱湯に塩小さじ1/3を加えたものを注ぎ、そのまま冷ます。冷蔵庫で3週間保存可能。

器―イタリア製

6／6

山椒の水煮の一部はさらにしょうゆ煮に

せっせと仕込んだ山椒の水煮、半分は冷凍保存、残りはしょうゆ煮とちりめん山椒に。しょうゆ煮はごはんにのっけたり、煮魚に入れたり。この清涼感を楽しまないと、夏は始まらない気がする。

実山椒のしょうゆ煮

小鍋に水1/2カップ、しょうゆ大さじ2、酒、みりん各大さじ1、塩ひとつまみを入れて火にかけ、煮立ったら「実山椒の水煮」（6／5参照）1/2カップを入れ、2～3分煮る。火を止め、そのまま冷ます。冷蔵庫で半年間保存可能。

器―イタリア製

6／7

自家製がうれしい ちりめん山椒

ごはんのお供として人気のちりめん山椒も、お手製にすれば、好きな味加減にできるのがうれしい。私はじゃこに少ししっとり感を残し、パリパリになる手前で火を止めている。

ちりめん山椒

小鍋にちりめんじゃこ200g、「実山椒の水煮」（6／5参照）大さじ3、酒、みりん各大さじ2、昆布5㎝角1枚を入れて火にかけ、煮立ったら弱火にし、ときどき混ぜながら水分がなくなるまで煮る。しょうゆ大さじ1を加え、さらに水分がなくなるまで煮る。

木匙―インドネシア製

6/8

実山椒を九条ねぎと一緒にトッピング

皮目をカリカリに焼いた鶏のソテーに、「実山椒のしょうゆ煮」をパラパラと。やわらかな九条ねぎの小口切りを一緒にのせれば、それだけで「特別なソースはいらない」と思えるほどの、格別な味わいに。

鶏ソテーの山椒がけ
鶏もも肉は塩、こしょう、酒で下味を付け、皮目に片栗粉を薄くはたく。フライパンにオリーブオイルを弱火で熱し、皮目のほうからじっくり焼く。食べやすく切って器に盛り、「実山椒のしょうゆ煮」（6/6参照）、九条ねぎの小口切り、白ごまをふる。

器―青木亮太

6／9

食感を楽しむ新ごぼうのサラダ

冬のごぼうとは違った、フレッシュな味わいが魅力の新ごぼう。アクも少ないのでさっとゆでただけで、サクサクとした食感を楽しめるサラダに。

新ごぼうのサラダ

新ごぼう2本は斜め薄切りにし、酢少々を加えた熱湯で2〜3分ゆでる。酢大さじ1、しょうゆ、ごま油各小さじ1をよく混ぜたものとあえて器に盛り、すだちの薄切りをのせる。

器一吉田直嗣

6／10

初夏にうれしい「岬屋」の水羊羹

「ひとりで1本食べられるほど好き」と言って驚かれる、「岬屋」の「水羊羹」。上質な小豆の風味、なめらかな舌ざわり、上品な甘さ加減。どれをとっても、一級品の味わい。

器―右から時計まわりに　伊藤聡信、照井壮、井山三希子、安齋新・厚子、岡田直人

6／11

牛肉のステーキにミントをたっぷりと

空気が湿り気をおび、重たくなる梅雨どきは、ハーブのさわやかさに頼りたくなる。この時季ならステーキも、香草と合わせてみるのが気分。牛肉とペパーミントは、抜群の相性だと思う。

牛肉のミントステーキ
牛ヒレステーキ用肉に塩、こしょうをふり、ごま油を熱したフライパンで両面を焼く。器に盛り、ペパーミントの葉、しょうがのみじん切り、ナンプラー、黒酢を混ぜたものをのせる。

器―安藤雅信

6／12

料理に使った翌日はフレッシュハーブティー

葉ものがぐんぐんと育つこの季節、定期的にお取り寄せしている野菜パックでは、無農薬のハーブがどっさり入っていることが多い。そんなハーブをフレッシュなお茶で楽しむのも、初夏の贅沢のひとつ。

フレッシュミントティー

ペパーミントの葉をポットに入れ、熱湯を注いで3～4分ほどおき、器に注ぐ。

ガラスポット｜日ノ出化学製作所

6／13

香菜の根っこは素揚げにして

暑くなると仕事でも家ごはんでも、登場回数が多くなる香菜。根っこの部分は、保存袋に入れて冷凍室にためておき、ある程度集まったら素揚げして、ビールのおつまみとして楽しむのがお約束。

香菜の根っこの素揚げ

揚げ油を中温（170℃）に熱し、香菜の根を入れて2分揚げる。レモンをしぼり、岩塩をふる。

器―安藤雅信

6/14

父子の釣果を薬味と混ぜて

ときどき夫と息子は釣りに出掛け、あじを持って帰ってきたりする。細かくたたいて「なめろう」にすれば、大人はビールのおつまみに、子どもはごはんにのっけてミニ丼に。こんな料理を楽しめた日は、いい休日。

あじのなめろう

あじ2尾は3枚におろし、皮をむいて、細かくたたく。みじん切りの長ねぎ1/3本分、おろししょうが1片分、酢小さじ1で溶いた味噌小さじ1/2を加え、混ぜる。

保存容器｜家事問屋

6/15

ふたつの酢を使ったらっきょう漬け

らっきょう仕事は、毎年1kgをノルマにしている。今年は黒酢と梅酢を半々に。らっきょうはサクサクとした食感が好きなので、わが家用に作るときは、塩漬けや下ゆでをしない方法で仕込みをする。

らっきょう漬け
鍋に酢、黒酢(または梅酢)各1と1/4カップ、てんさい糖150g、塩小さじ1(梅酢の場合はなし)を入れて火にかける。煮立ったら皮をむいたらっきょう500gを入れ火を止め、そのまま冷ます。

薬瓶—蠣﨑マコト
ガラス器—辻和美
トレー—山口和宏

6/16

アスパラ肉巻きも梅酢で引きしめて

北海道・美瑛から届く露地物のアスパラガスは、6月のほんの短い時期だけのお楽しみ。お弁当のおかずにも大活躍な肉巻きは、この時季なら梅酢を加えて仕上げを。

アスパラの肉巻き

アスパラガスは下5cmほど皮をむき、豚バラ薄切り肉を巻きつけ、片栗粉でとめる。フライパンにごま油を熱し、アスパラガスを入れて焼く。酒、白梅酢各大さじ1、しょうゆ小さじ1/2をからめる。

グリルパン―ル・クルーゼ

6/17

初夏を代表する炊き込みごはん

撮影時のまかないでもよく登場する、とうもろこしの炊き込みごはん。とうもろこしの甘味には、出汁効果がある。ふたを開けてパッと目に入る黄色い粒々に、テンションが上がらない人はいない。

とうもろこしの炊き込みごはん
鍋に白米2合、出汁360㎖、酒大さじ1、塩小さじ1、とうもろこしの実2本分を入れ、ふたをして火にかけ、煮立ったら弱火にして15分炊く。火を止め、15分蒸らし、しょうがのせん切り適量を加え、さっくり混ぜる。

鍋―ストウブ

6／18

梅シロップはそのつどアレンジ

シーズン中は4〜5回梅シロップを作るので、そのたびにいろんなアレンジをする。今日はレモングラスを入れて。粒こしょうや、ローズマリーの小枝を入れることも。梅は一度冷凍すると、エキスが出やすくなる。

梅シロップ
梅1kgはなり口を取りのぞき、水でよく洗い水けを拭いて、冷凍する。保存瓶に冷凍庫から取り出した梅を入れ、はちみつ800g、酢大さじ1、レモングラス15cm×3〜4本を入れ、常温で1週間おく。水分が出てきたら、レモングラスを取りのぞく。

ジャグ―木下宝

6/19

甘酸っぱい余韻が魅力の梅ジャム

毎年の梅仕事の一環として、梅ジャム作りも外せない。完熟させると、煮ているときに美しく澄んだ琥珀色になり、何度見てもうっとりする。朝のヨーグルトにのせたり、ソーダ割りにしたりと、楽しみが広がる。

梅ジャムの作り方 ▼巻末12ページ

保存瓶—アーク
器—フランス製アンティーク

6／20

ジャムを肉料理のソースとして

甘酸っぱい梅ジャムは、キレのいい酸味が脂を中和してくれるような気がして、豚肉との相性がすごくいいと思う。ローストポークにはもちろん、ポークソテーや焼き豚のアクセントにもどうぞ。

ローストポークの梅ジャム添え

「ローストポーク」（9／21参照）、「赤玉ねぎのロースト」（10／17参照）を器に盛り、「梅ジャム」（6／19参照）をたっぷりかける。

器―フランス製アンティーク

6/21

ひげ根ごと食べたいヤングコーンのグリル

「食べられる部分が少ない」と嘆きの声が多いヤングコーン、実はひげ根もおいしいって知っていましたか？　オーブン調理可能なホーローバットにのせて焼くだけで、立派なおつまみに変身する。

ヤングコーンのグリル
耐熱皿に皮少々とひげ根を残したヤングコーンを入れ、200℃のオーブンで12分焼く。オリーブオイルをまわしかけ、塩少々をふる。

バット―野田琺瑯

6／22

目でも舌でも楽しめる山形のさくらんぼ

くだものだけはちょっと贅沢しても、「今年の味」を確かめておきたい。人気の「佐藤錦」以外にも、最近はいろんな品種が出まわるようになったさくらんぼ。こちらは「紅秀峰《べにしゅうほう》」という品種だそう。

器ー蠣﨑マコト

6/23

白身魚の酒蒸しにらっきょうソース

タルタルソースが有名だけど、らっきょうはそのものを食べるのはもちろん、細かく刻んで納豆とあえたり麺に入れたりと、薬味的に使うのがお気に入り。蒸し魚のトッピングにもとても合うと思う。

すずきの酒蒸し

すずきに塩、酒をふって耐熱皿にのせ、8〜10分蒸す。「らっきょう漬け（梅酢）」（6/15参照）の輪切り、三つ葉のみじん切り、らっきょうの漬け汁、ごま油を混ぜてまわしかけ、粉山椒をふる。

器─伊藤環

6／24

谷中しょうがで夏のおつまみ

発酵がよく進む夏は、ぬか漬けのベストシーズン。さわやかな谷中しょうがもぬか漬けにすれば、味わいがよりふくよかに。茎の部分も少し長めに残して漬けると、見た目も可愛い。

谷中しょうがのぬか漬け
谷中しょうがはスプーンで皮をこそげ取り、ぬか床にひと晩漬ける。1週間入れっぱなしにして、古漬けにしてもおいしい。

保存容器｜野田琺瑯×マーガレット・ハウエル　ハウスホールドグッズ

6/25

飾るだけで夏気分な石垣のパイナップル

数年前旅行で訪ねた、沖縄・石垣島の農園で育ったパイナップルのおいしさが忘れられず、この時季に取り寄せるのが恒例行事になっている。輸入ものとくらべて小ぶりで、ぎゅっと濃密な甘さがたまらない。

トレー|日本製アンティーク

6/26

くり返し食べる万願寺唐辛子

甘くてほろ苦い万願寺唐辛子は、夏を代表する京野菜で、お気に入り食材のひとつ。おかか煮は、何てことないお惣菜だけど、飽きることなく「また食べたい」と思える一品。

万願寺唐辛子のおかか煮

鍋にごま油を入れて火にかけ、万願寺唐辛子8本を入れ、軽く炒める。出汁1カップ、酒大さじ2、みりん、しょうゆ、黒酢各大さじ1を加えひと煮立ちさせ、落としぶたをして弱火で15分煮る。火を止め、かつお節適量をふる。

鍋―有次

6/27

追熟中の梅の香りは梅雨どきのお楽しみ

いろんな産地の出来栄えをチェックし、「これぞ」と思うものを取り寄せるのも、梅仕事の楽しみのひとつ。追熟中の梅は、どんなルームフレグランスもかなわない芳香だと思う。

竹かご―大分産

6/28

歯ごたえを楽しむシャキシャキ野菜

ここ数年で「手に入りやすくなったなあ」と感じるおかひじき。この野菜のおいしさを存分に味わうために、シンプルなごまあえに。黒酢や梅肉、レモンなど、酸味を加えると、おいしさが引き立つと思う。

おかひじきの梅酢あえ

おかひじき1パック（120g）はさっとゆで、食べやすく切る。梅酢大さじ1、ごま油小さじ2をかけてあえ、白ごまをふる。

6/29

むくみ防止のデトックススープ

梅雨が始まって体がむくみやすくなってきたら、余分な水分を排出してくれる、はと麦を食べるといいらしい。普段はごはんと一緒に炊くことが多いけど、今日は白い食材と合わせ、シンプルなスープに。

はと麦と大根のスープ

はと麦60gはさっとゆでる。大根4〜5cm、玉ねぎ1/2個は1cm角に切る。鍋に出汁2カップ、はと麦、大根、玉ねぎを入れ、弱火で15分煮る。おろししょうが、塩を加え、味を調える。器に盛り、白ごまをふる。

器―安藤雅信

6/30

みょうがの茎を くたくたの佃煮に

畑をしている親戚が毎年この時季になると送ってくれる、みょうがを収穫したあとの茎の部分、通称「みょうがの忘れもの」。生では使い切れなくても、佃煮にしておくと常備菜的に長く活躍してくれる。

みょうがの茎の佃煮
鍋にみょうがの茎、昆布、酒、みりん、しょうゆを入れて火にかけ、煮立ったら弱火にし、くたくたになるまで煮る。冷蔵庫で2週間保存可能。

鍋―ウェストサイド33

7／1

わが家の基本はいりこ出汁

数年前から家の出汁はいりこで取るのを基本にしていて、香川の「やまくに」のいりこを使っている。いりこ漁は毎年6月中旬開始。毎年この時季になると新物のいりこを送ってくださるのが、本当にありがたい。

バット｜無印良品

7／2

梅仕事の合間に赤じそシロップ作り

毎年梅干しを仕込むときに、京都・大原から赤じそも取り寄せる。そのついでに赤じそシロップを作るのも、毎年の恒例行事。葉っぱからすーっと色が抜け、エキスが出きる様子は、毎年見ていても飽きない。

赤じそシロップ
赤じそ400g、水1.5ℓを鍋に入れ、3～4分煮る。色素が出きったらさらしでこし、てんさい糖600gを加えて15分煮る。冷めたらレモン汁大さじ2を加える。

ふた付きガラス器―木下宝×坂野友紀
グラス―タイム&スタイル

7／3

出汁を感じる夏素材

暑くなるといりこ出汁の塩けがよりおいしく感じられて、よく夏野菜の煮びたしを作る。私にとって冬瓜は、いちばん「出汁を感じられる」食材。温かくても、冷たくしても、それぞれのおいしさがある。

冬瓜の煮びたし

冬瓜300gは食べやすく切り、半分に割り、わたをのぞいたいりこ5本、水1と1/4カップ、酒、みりん各大さじ1、しょうがのせん切り1片分を加え、冬瓜がやわらかくなるまで煮る。薄口しょうゆ小さじ2を加え、さっと煮て火を止め、そのまま冷ます。

器―吉田直嗣

7/4

生の歯ごたえを楽しむ冬瓜のサラダ

煮物のイメージが強い冬瓜だけど、生で食べると印象が変わる。みずみずしさと、シャキシャキした食感と。7月に入ると、体を冷やす効果があると言われる瓜科の野菜が、いっそうおいしく感じられる。

冬瓜のサラダ

冬瓜は薄切りにして器に盛る。ディルのみじん切り、オリーブオイル、白ワインビネガー、塩少々を混ぜ、冬瓜にまわしかける。

器―イタリア製

7/5

毎年楽しみな夏みかんの涼菓

京都「老松」の「夏柑糖」は、夏みかんの中身をくり抜き、果汁と寒天を合わせて再び皮に注いで固めたお菓子。この酸味とほろ苦さを毎シーズン心待ちにしていて、味わうたびに「ああ、夏が来た」とうれしくなる。

7/6

いちじくはひと味加えて

甘くてコクのあるいちじくは、ほんの少し酸味を加えると、とたんに味に奥行きが生まれる。レモンをしぼってさっと煮てもおいしいし、こんな風に酢と塩で、サラダ風に食べるのもおすすめ。

いちじくのサラダ
いちじくは輪切りにして器に並べ、ミントの葉のみじん切り、ホワイトバルサミコ酢、オリーブオイルを混ぜたものをまわしかけ、岩塩をふりかける。

器―辻和美

7／7

わが家は七夕が「うなぎの日」

結婚した当初から、夏土用よりひと足お先に「七夕」を「うなぎの日」にするのがわが家の恒例行事。かば焼きを小さく切り、薬味をたっぷり加えたちらしで、夏バテ予防を。

うなぎちらし

うなぎのかば焼き2枚はグリルで焼き、1.5cm幅に切る。きゅうり1本は輪切りにし、塩もみにする。しょうが1片、みょうが2〜3本はせん切りにする。酢飯3合に、うなぎ、きゅうり、薬味類を入れ、よく混ぜる。器に盛り、せん切りした青じそ、みょうが、白ごまを散らす。

桶―司製樽　盆―新宮州三

フルーツのような水なすのマリネ

アクがなくて甘く、みずみずしい水なす。昔は高級品のイメージだったけど、最近は近所のスーパーでも手ごろな価格で買いやすくなった。ぬか漬けにしたり、サラダにしたりと気軽に楽しめるように。

水なすのマリネ
水なすは皮をむいて乱切りにする。にんにくのみじん切り、柚子こしょう、ナンプラー、白ワインビネガー、オリーブオイルを混ぜたものとあえ、器に盛る。パプリカパウダーをふる。

器―木下宝

7/9

薬味たっぷりで納豆をおかずに

山形の郷土料理「だし」は、なすやきゅうりなどの夏野菜と、薬味を細かく切って酢じょうゆとあえたもの。冷奴や麺にかけるほか、納豆と混ぜてもおいしい。ちなみにわが家は、引き割り納豆派。

薬味たっぷり納豆
なす、きゅうりは細かいさいの目切り、青じそ、みょうがはみじん切りにして塩少々をふり、しんなりさせる。酢じょうゆとあえ、器に盛ったひきわり納豆の上にのせる。

器―伊藤聡信

7/10

梅干し作りのうれしい副産物

梅干しを作る途中で上がってくる「梅酢」を活用し、毎年しば漬けを作っている。おなじみの夏野菜が美しい赤じそ色に染まる様子は、何度見ても感動するもの。梅干し作りのご褒美のような副産物。

しば漬けの作り方 ▼巻末12ページ

器―安藤雅信

7/11

パプリカの冷たいスープ

色が鮮やかなので、料理撮影で彩りとしてよく使うパプリカ。それがあまったときに作る、定番スープがこちら。パプリカはうま味や甘味が強く、トマトの酸味と塩が加わると、それだけで立派なスープになる。

パプリカのガスパチョ
種を取ったパプリカ1/2個、ミニトマト6〜7個、にんにく1/2片をミキサーで攪拌し、塩小さじ1/3を加えて混ぜる。器に盛り、オリーブオイル、レモン汁各大さじ1をまわしかける。

グラス―蠣﨑マコト
トレー―マッチ

7/12

ゴーヤのほろ苦さがアクセント

近所で育てている人も多く、おすそ分けをもらうことが多いゴーヤ。生で薄切りにすると風味がよく立ち、ハーブ的な使い方ができると思う。時間がない日のごはんは、こんな風にさっとできるおかずの出番。

ゴーヤと豚肉のあえ物
ゴーヤ1/2本は半月の薄切りにして水にさらす。豚しゃぶしゃぶ用肉180gはさっとゆでる。しょうがのせん切り1片分、ナンプラー、酢、ごま油各小さじ2、かつお節適量とあえる。

器—安齋新・厚子

7／13

韓国風の冷製大豆スープ

毎年この時期に最初の夏バテがやって来て、食欲が一時落ちる。そんなとき作るのが、韓国の豆乳スープ麺「コングクス」の麺なしバージョン。大豆は身体にたまった熱を、冷ましてくれる効果があるのだそう。

大豆の冷たいスープの作り方
▼巻末12ページ

器—吉田直嗣

7／14

メロンを使ったご褒美デザート

がんばった仕事のあとなど、自分にご褒美をあげたいときに作る、とっておきデザート。ブランデーをふると、メロンがぐっと艶のある味わいに変化する。ひとりで半分くらいペロリといけてしまう、禁断の味わい。

メロンのブランデーアイス
メロンは半分に切り、スプーンで種をくり抜く。バニラアイスをのせ、ブランデーを注ぎ、粗く砕いた黒こしょうをふる。

器―安藤雅信
スプーン―クリストフル

7/15

素麺に飽きた日は韓国冷麺を

7月に入ると、麺類を食べることが多くなる。素麺が続いて「ちょっと飽きたな」と感じたら、モチモチした食感の冷麺で変化をつける。梅干し作りで出た梅酢も活用でき、夏バテ対策にもなる一品。

韓国冷麺

出汁1/2カップ、梅酢大さじ1〜2、しょうゆ小さじ2を混ぜ、器に注ぐ。冷麺1人分をゆでて冷水でしめ、器に盛る。白菜キムチ、薄切りにして塩もみした大根、ざく切りにした三つ葉をのせ、黒ごまをふる。

器―吉田直嗣

7/16

子どもも好きな　あじフライ

肉と魚なら、常に肉に軍配が上がりがちなわが家の男性陣も、あじフライだけは別格の様子。フレッシュな玉ねぎとゆで玉子を混ぜた、自家製タルタルソースをたっぷり添えて。

あじフライ

3枚におろしたあじ2尾に塩をふり、薄力粉、溶き卵、パン粉を順にまぶし、中温（170℃）の揚げ油で7分揚げる。みじん切りにした玉ねぎ1/4個分、ゆで玉子1個、パセリ適量、酢、マヨネーズ各大さじ1と1/2、塩少々を混ぜてタルタルソースを作り、あじフライに添える。

器｜照井壮

7/17

夏野菜は素揚げが似合う

ズッキーニやゴーヤ、ピーマンといった夏野菜は、衣をつけて揚げるより、素揚げのほうが好き。にんにくを一緒に揚げると、くさみが消えてほっくり甘くなるし、油に風味が移り、揚げた野菜がおいしくなる。

ズッキーニの素揚げ

ズッキーニは半分に切り、縦4等分に切る。冷たい揚げ油に皮つきのままのにんにくを入れ、中温（170℃）に熱し、ズッキーニを3～4分揚げる。塩、クミンパウダーをふり、からめる。

器―北欧製ビンテージ

7/18

さっぱり食べる鶏ささみ

淡白なささみは、暑い日でも食べやすい素材のひとつ。パセリなど香り野菜と合わせると、夏らしい味わいに。ディジョンマスタードとナンプラーは、いろんな素材と合う組み合わせだと思う。

ささみのマスタードあえ
沸騰し火を止めた湯に酒少々を加え、ささみ4本を入れ、余熱で火を入れ、そのまま冷ます。食べやすくさき、パセリのみじん切り、ディジョンマスタード各大さじ2、オリーブオイル大さじ1、ナンプラー小さじ2を混ぜたものとよくあえる。

器―オランダ製アンティーク

7/19

ドライカレーは応用が効く

カレーと言えば夏の定番だけど、ドライカレーにすると、翌日以降もいろいろアレンジが楽しめる。チーズと一緒にトーストにのっけたり、お弁当に入れたり。冷凍保存もできるので、いつも多めに仕込むようにしている。

ドライカレーの作り方
▼巻末13ページ

鍋―ストウブ

7/20

ヨーグルト風味のきゅうりサラダ

インドのヨーグルト風味のサラダ「ライタ」は、カレーを仕込んだ日に一緒に作ることが多い。そのままさっぱりと食べてもいいし、カレーと混ぜながら食べると、また違ったおいしさを楽しめる。

きゅうりのライタの作り方
▼巻末13ページ

コップ―ポルトガル製

7／21

夏休みの始まりは素麺とともに

子どもの夏休み開始は、すなわち1日3食作る日々のスタートでもある。「素麺がなかったら、どうなっていただろう?」と思うほど、麺に頼る季節。薬味さえたっぷりあれば、何とかなると、自分を励ましている。

薬味たっぷり素麺

素麺はゆでて冷水でしめ、器に盛る。いりこ出汁にしょうゆ、酒を加え、煮立たせたものを注ぎ、焼き目をつけて食べやすく切った油揚げ、小口切りにした細ねぎとみょうが、ざく切りにした三つ葉をのせ、白ごまをふる。

器―余宮隆

7/22

すももの季節がやって来た

プラムにソルダム、ネクタリンにプルーン。甘酸っぱくてみずみずしい、すももの仲間の季節が到来。シロップを作ったり、果実酒に漬けたり、サラダに入れたり。毎年いろんな品種をいろんな形で楽しんでいる。

器―辻和美

7/23

マンゴーは塩とオイルをふって

「すいかに塩」のように、甘い夏のくだものは、塩をふると味にメリハリが出ておいしさが増す。さらにオリーブオイルの青っぽい香りは、マンゴーのうま味と、とても相性がいいと思う。

マンゴーのオリーブオイルがけ
マンゴーは食べやすく切り、オリーブオイルをまわしかけ、岩塩をふる。

器―アメリカ製ビンテージ

7/24

いちばん好きな杏ジャム

ジャムの中で「いちばん好き」と断言できるのが、杏ジャム。毎年3パック分ほど作り、トーストやヨーグルトにのっけて大切に食べている。杏仁も一緒に入れて煮ると、ぐっと風味もふくよかに仕上がる。

杏ジャム

杏600gは種を取り、てんさい糖400gをまぶして鍋に入れる。種を割り、杏仁2粒を取り出し、鍋に加える。弱火でアクを取りながら15分煮る。

グラス—辻和美　盆—佃眞吾

7／25

くったり火を入れたいんげんのサブジ

「サブジ」とは、野菜を蒸し煮、炒め煮したインド料理のこと。いんげんは歯ごたえがあるのもいいけれど、くったり煮たものはまた違った魅力があって、温かくても冷たくしても、どちらもおいしいと思う。

いんげんのサブジの作り方
▼巻末13ページ

器―一柳京子

7/26

もずくスープでデトックス

ミネラルや食物繊維が豊富なもずくは、日頃からよく食べるようにしている素材のひとつ。冷房などで実は冷えていることも多い夏に、あえて温かなスープに仕立てて。つるんとしたのどごしが心地よい。

もずくスープ

出汁1と1/2カップ、針しょうが1片分、白髪ねぎ適量を鍋に入れ、火にかける。沸騰したら生もずく50gを加えてアクを取り、ナンプラー、黒酢各小さじ2を加える。器に盛り、すだちの輪切りをのせ、白ごまをふる。

器―中本純也

7/27

生のきくらげが手に入ったら

普段は乾物中心だけど、生が出まわったらやはり手に取りたくなる、きくらげ。さっと湯通しするとつるりと食感もよくなる。たっぷりの香り野菜と合わせて、マリネで存分に味わう。

きくらげのマリネ

生きくらげ60gはさっとゆで、せん切りにする。香菜3本はざく切り、しょうが1片はせん切りにする。しょうゆ、黒酢各大さじ1、ごま油小さじ2とさっとあえ、器に盛り、白ごまをふる。

器―伊藤環

7/28

京の伝統野菜
賀茂なす

大きくて肉質がしまった賀茂なすは、揚げびたしにすると、トロリとしてクリーミー。野菜とは思えないボリューム感が出て、普通のなすとくらべて食感がまったく違うのがおもしろい。

賀茂なすの揚げびたし

賀茂なす2個は輪切りにして水にさらす。フライパンに多めのごま油を入れ、弱火で揚げ焼きにする。鍋にかつお出汁1と1/2カップ、しょうゆ大さじ3、酢大さじ1を入れて沸騰させ、なすを加えて火を止め、そのまま冷ます。器に盛り、せん切りのみょうがをのせる。

器―伊藤環

7/29

食事にも合うハーブウォーター

高知の農園から無農薬のレモングラスを取り寄せたので、葉を水につけてハーブ水に。さっぱりとした清涼感が心地よく、麦茶感覚でごくごく飲めてしまう。

レモングラスウォーター
水1ℓに20㎝のレモングラス10本、ジャスミン茶葉大さじ1を入れ、冷蔵庫でひと晩おく。一日で飲みきれない場合は、葉と茶葉を取りのぞいて冷やしておく。

瓶、グラス―蠣﨑マコト

7/30

夏バテ対策に冷や汁を

メインが軽やかな魚なので食べやすく、夏の間3〜4回は食べる冷や汁。野菜や豆腐を入れて栄養をおぎなえば、ひと皿で食事がすむし、あじをほぐすのが面倒なときは、ちりめんじゃこで代用するとラクチン。

冷や汁の作り方 ▼巻末13ページ

器—余宮隆
サーバー—ワランワヤン

7/31

夏の料理には欠かせない黒酢

年中「酸っぱいもの好き」だけど、暑い夏にはことさら登場回数が多くなる酢。中でも最近のお気に入りは「坂元醸造」の「鹿児島の黒酢」。まろやかでコクがあり、これと塩さえあれば、ピタリと味が決まるすぐれもの。

8／1

さっぱりする赤じそシャーベット

7月に仕込んだ赤じそシロップを凍らせて、シャーベットに。赤じそのさわやかな風味が、ほてった体を冷やしてくれる。真夏のごはん会のスターターにもおすすめで、いちばん暑い時期に食べたいデザート。

赤じそシャーベット

「赤じそシロップ」（7／2参照）1/2カップにレモン汁大さじ1/2を加え、バットに流し冷凍庫に入れる。2時間経ったら取り出し、スプーンでけずりながら混ぜ、さらに2時間凍らせる。器に盛り、レモンの輪切りを添える。

グラス―鷲塚貴紀

8/2

手摘みハーブのプレゼント

友人のフォトグラファーさんが、庭で採れたハーブの枝を持ってきてくれた。こういうお土産は何よりもうれしい。ざっくり生けておくだけで、部屋の空気が浄化されるような気がする。

ジャグ—アメリカ製ビンテージ

8／3

すいかはフォークで食べられるように

カット販売のくだものが好きではなく、すいかは丸ごと食べ切れる小玉すいかに手がのびる。皮も種も取って四角く切り、食べやすくサーブ。種は同線上にあるので、真横に包丁を入れるようにすると、種が一気に取れて食べやすくなる。

器—伊藤環

8／4

毎年買っている黒豆の枝豆

お正月料理でもお世話になる兵庫・丹波の黒豆は、枝豆で食べても本当においしい。毎年近所の店に入荷するので、楽しみに買うようにしている。枝豆も鮮度が重要なので、買ったその日に、少し固めにゆでるのが好き。

器―小鹿田焼

8/5

するりと食べられる うま味細麺

マカオを訪れたときに食べたおいしさが忘れられなくて、帰国してからもときどき食べている蝦麺《えびめん》。干したえびの卵を練り込んだ歯切れのいい細麺で、九条ねぎをたっぷり添えて食べるのがお気に入り。

いかの蝦麺

やりいか（小）2杯は皮をむき、酒少々を加えた湯でさっと煮て火を止める。余熱で火を入れ、1cm幅に切る。ゆでた蝦麺、いかを器に盛り、しょうゆ、黒酢、ごま油各大さじ1を合わせてまわしかけ、粉唐辛子をふり、小口切りにした九条ねぎを添える。

器―崔在皓

8／6

柚子こしょうはまとめて手作り

手作りの柚子こしょうは、市販品より塩の量を減らせるし、香りも豊か。青唐辛子は刺激が強いので、制作中は水中メガネで防御。人には見られたくない姿で、お盆くらいまでの夏の暑い時期に1年分を手作りする。

柚子こしょう
青柚子3個は皮をすりおろす。青唐辛子2本は細かく刻む。青柚子の皮と青唐辛子の重量の10％の塩を加え、すり鉢ですりながら混ぜる。保存容器に入れ、冷蔵庫で1週間ほど熟成させる。冷凍保存してもよい。冷蔵庫で1年間保存可能。

ざる―竹虎

8／7

カバ印が可愛い
アイスバー

毎日顔を真っ赤にして外から帰ってくる小学生男子に、アイスは必需品。福岡「椛島氷菓」の「柳川アイスキャンデー」は、地元のくだものをふんだんに使った昔ながらのアイスで、ここ数年のお気に入り。

8/8

トマトとプラムの赤いパスタ

夏は生野菜やくだものとさっとあえた、サラダのようなパスタがおいしい。プラムはオリーブオイルとなじむ味わいなので、こういう料理にもぴったり。赤色のグラデーションが美しく、夏のおもてなしにも喜ばれる。

トマトとプラムのパスタ
フェデリーニ70gはゆでて冷水でしめ、器に盛る。フルーツトマト1個は8等分、プラム1/2個は1.5cm角に切り、麺にのせる。塩小さじ1/2、ホワイトバルサミコ酢小さじ2、オリーブオイル大さじ1を混ぜてまわしかけ、粗く砕いた粒こしょうをふる。

器―イタリア製

8／9

ワイン用のおつまみ冷奴

夏の間よく食べる冷奴も、ワインのお供にしたい日はこんな風に。クリーミーで濃厚なおぼろ豆腐と、塩けとうま味の強いミモレットが好相性。青い香りの上等なオリーブオイルがあれば、なおよし。

ミモレット冷奴
おぼろ豆腐を器に盛り、スライスしたミモレットをたっぷりのせ、オリーブオイルをまわしかける。塩を添え、こしょうをふる。

器―フランス製アンティーク

8/10

沖縄の友人から届く島バナナ

那覇に移住した友人に頼んで、毎年送ってもらっている島バナナ。届いたときはまだ青く、風通しのいい場所で追熟させ、皮が黄色くなったら食べ頃に。甘味の中にほんのり酸味があって、ねっとりとした食感が贅沢。

盆—新宮州三

8/11

南国気分になれる青いパパイヤのサラダ

タイでは「ソムタム」と呼ばれる、青いパパイヤのサラダ。島バナナのついでに、青パパイヤも一緒に送ってもらい、このサラダをたっぷり作って食べるのも恒例行事。シャキシャキした歯ごたえがたまらない。

青いパパイヤのサラダ

パパイヤ250gはせん切り、香菜3本はざく切りにする。干しえび大さじ2を水で戻し、戻し汁大さじ1、レモン汁、ごま油各大さじ1、ナンプラー、黒酢各小さじ2とよく混ぜ、パパイヤ、香菜とあえる。器に盛り、刻んだピーナッツ大さじ2を散らす。

器—加藤良行

8／12

子どもと一緒に手作り水餃子

粉をこねて、麺棒でのばして。皮から作る餃子は、子どもにも時間がある夏休みに作りたくなる料理。暑いので、つるんと食べられる水餃子に。ゆで汁にごま油をたらすと、餃子同士がくっつきにくくなる。

水餃子の作り方▼巻末14ページ

8/13

栄養補給のモロヘイヤ

月に何度か取り寄せている野菜の詰め合わせ、この時季はモロヘイヤの登場回数が多い。ネバネバな食感は、いかにも体によさそうだけど、味が単調になりがちなので、トマトの酸味を加えると、食べやすくなる。

モロヘイヤとトマトのあえ物
モロヘイヤ150gはさっとゆで、冷水に取り、3cm幅に切る。フルーツトマトは縦4等分に切る。かぼす果汁1/2個分、ナンプラー、ごま油各小さじ2とあえて器に盛り、薄切りにしたかぼすをのせる。

器―江戸後期アンティーク

8/14

色合いも美しい抹茶の羊羹

抹茶の水羊羹の中にほうじ茶の寒天が浮かぶ、京都「紫野和久傳」の「笹ほたる」。小さな水玉は、蛍の光を模したものだそう。夏のお持たせや贈り物に、必ず喜ばれる大好きな涼菓。

器―辻和美

8/15

プラムがお手ごろになってきたら

甘味と酸味のバランスがいいプラムは、肉料理の調味料として使うのもおすすめ。8月に入り、安く手に入るようになったら、こんな煮込み料理を作ったりする。酵素の力で、肉をやわらかくしてくれる効果も。

牛肉のプラム煮の作り方
▼巻末14ページ

器―アメリカ製ビンテージ
カトラリー―フランス製アンティーク

8/16

出盛りの桃で贅沢スープに

キャンプ帰りに寄った道の駅などで、桃が安く手に入ったときに、贅沢なお楽しみとしてデザートスープを作る。砕いたこしょうを加えると、味がすっと引き締まる。

桃のスープ
桃2個は皮と種をのぞき、生クリーム80㎖、塩ひとつまみと一緒にミキサーで攪拌する。器に盛り、粗く刻んだ粒こしょうをふる。

ガラス器―辻和美
器、スプーン―フランス製アンティーク

8/17

テーブルで光と影を眺める

一年中使うけれど、この時季とりわけ使用頻度が高くなるガラスの器。輪郭がくっきりとした夏の素材にもよく合う。少し大ぶりなガラスの鉢が好きで、扱いには気を遣うけど、薄くて繊細なものに魅かれる。

器｜奥から手前に　蠣崎マコト、木下宝、辻和美

8／18

ケイパーの塩けで味付けを

日本で手に入るケイパーは酢漬けが多いけど、塩漬けタイプを選ぶと、よりフレッシュで風味も強い。サーモンとの組み合わせは王道で、ケイパーの塩分だけで味付けも充分。

サーモンのケイパー蒸し

サーモンの切り身2枚は薄力粉を薄くはたき、フライパンにオリーブオイルとつぶしたにんにくを熱し、両面を軽く焼く。薄切りにしたフェンネル適量、白ワイン大さじ2、ケイパー大さじ1を加え、ふたをして弱火で7〜8分蒸し焼きにする。

フライパン―ビタクラフト

8/19

夏バテ防止のエキスふたつ

和歌山「龍神自然食品センター」の「梅肉エキス」と、福井「棗の里農産」の「なつめエキス」。それぞれ大さじ1/2ほどをお湯に溶き、朝晩どちらかに飲むようにしている。疲れにくくなり、夏風邪の予防にも。

トレー―加藤良行

8／20

くだものの黄金シーズン

年に10回、旬のくだものの詰め合わせが届く、定期便をお願いしている和歌山「観音山フルーツガーデン」。この季節は桃に梨、ぶどうと、王様的な組み合わせ。封を開けるたびにいつも、ありがたい気持ちになる。

8/21

まながつおに すだちをしぼって

関東ではなかなか手に入りにくい高級魚・まながつおは夏が旬。とある和食屋でいただいたおいしさが忘れられず、以来魚屋で見かけると、うれしくなってつい手がのびる。家で食べるときは、シンプルな幽庵焼きで。

まながつおの幽庵焼き
まながつおは酒、しょうゆに10～15分漬け、グリルで焼く。みじん切りにした三つ葉をふり、すだちをしぼる。

器―安藤雅信

8/22

香味野菜をモリモリ食べる

蒸し暑い日が続くと、香りが濃い葉野菜を、たっぷり食べたくなる。いつもは薬味として使う野菜を、今日は主役にしてサラダに。香菜と三つ葉は合わせると、単品よりも食べやすくなると思う。

香菜と三つ葉のサラダ
香菜、三つ葉はざく切りにし、しょうゆ、黒酢、ごま油とさっとあえ、松の実を散らす。

器―蠣﨑マコト

8/23

手軽に作れるジャージャー麺

ゆでた麺の上に肉味噌をのせれば簡単にでき上がるジャージャー麺。この肉味噌は冷蔵庫に入れておけば2～3日持つし、ゆでた青菜や冷奴などにのっけてもおいしいので、まとめて作っておくと便利。

ジャージャー麺の作り方
▼巻末14ページ

器 崔在皓

のどごしのいい台湾デザート

「豆花《トーファ》」は豆乳を固め、いろんなトッピングをのせてシロップをかけた、台湾の人気デザート。日本でも手に入る粉ゼラチンを使ってアレンジ。ゆでたピーナッツをたっぷり添えて。

豆花の作り方 ▼巻末15ページ

器｜安齋新・厚子　れんげ｜台湾製

8/25

高知から届くマッシュルーム

高知・仁淀川のそばで育てられたマッシュルームを、初めて食べたときの衝撃は忘れられない。味が濃くてハリがあり、ミニトマトとオイル煮にすると、みずみずしさとうま味がしっかりと際立って、絶妙な味わいに。

マッシュルームとトマトのオイル煮

マッシュルーム、ミニトマト各10個はそれぞれ半分に切る。鍋に入れ、白ワイン1/4カップ、つぶしたにんにく1片、オリーブオイル大さじ2、塩、クミンシード各小さじ1/2を加え火にかける。ひと煮立ちしたら弱火にし、8分蒸し煮にする。器に盛り、こしょうをふる。

8/26

たちうおを蒸していただく

夏から秋にかけて旬を迎えるたちうおは、身が繊細なので焼くよりも、ふっくらと蒸すほうが好き。鮮度がとりわけ重要で、意識しないといいものは食べられないので、魚屋で細やかにチェックしている。

たちうおのしょうが蒸し

たちうお1切れ(15㎝)は塩をふり、水けを拭いて耐熱皿に入れる。せん切りしょうが1片分、紹興酒、ごま油各大さじ1をまわしかけ、10分蒸す。輪切りにしたオクラ3～4本を入れ、さらに2分蒸し、手でちぎった青じそ、白ごまを散らす。

8/27

きゅうりを自家製ラー油で

畑で野菜作りをしている親戚から届いた、大きく育ちすぎたきゅうり。「のびのびしていていいな」と思いつつ、少し硬かったので、皮を厚めにむいて使う。自家製ラー油をかけると、少し上品なおつまみになった。

きゅうりのラー油あえの作り方
▼巻末15ページ

器—中本純也

8/28

暑さ疲れの体にお助けドリンク

金沢「福光屋」の「プレミアムライスミルク」は、石川県産のお米と霊峰・白山を源流とする「百年水」に、麹を加えて発酵させた健康ドリンク。夏の午後、「甘いものがほしいな」というときに、すっと体にしみ渡るのがうれしい。

8／29

根三つ葉があると心が躍る

一般的な糸三つ葉にくらべて栽培に手がかかり、流通量も少ない根三つ葉。貴重な野菜だけど大好物のひとつで、見つけると必ず買ってしまう。香りが強く、根っこに張りがあるものが、新鮮である証拠。

8/30

あえ物は根っこを主役に

根三つ葉は根っこがおいしいので、面倒でも、手で広げながら流水でていねいに洗う。豚肉にしっかりと味を付け、その塩分と脂分を、三つ葉とからめながら食べるようにする。

根三つ葉と豚肉のあえ物

根三つ葉はさっとゆで、根っこごと食べやすく切る。豚バラしゃぶしゃぶ肉150gは酒少々を加えた湯でさっとゆで、しょうゆ、酢各小さじ2、ごま油大さじ1を合わせてあえる。器に盛り、粉山椒をふり、ごま油をまわしかける。

器ー中本純也

8/31

夏休みラストはアジアの麺

麺づくしが続いた8月も、本日が最終日。タイの麺「パッタイ」も、やはり夏の日に食べるのが似合う。私は細麺タイプが好きで、プリプリのえびと厚揚げをたっぷり入れるのがお決まり。

パッタイの作り方 ▼巻末15ページ

器―志村睦彦

9／1

赤ピーマンを丸ごと蒸し煮

最近手に入りやすくなったカラーピーマンは、緑のピーマンとくらべて苦味も少なく、じっくり蒸すと甘味が立ってくる。くったりしてきたらでき上がり、種ごと食べられる。でき立ても、冷めてもおいしい。

赤ピーマンのオイル蒸し
鍋にカラーピーマン10個、白ワイン、オリーブオイル各1/4カップ、半分に切ったにんにく1片、塩小さじ1を入れ、火にかける。煮立ったら弱火にして、12分ほど蒸し煮にする。

器―伊藤環

9/2

めかじきで自家製ツナを

缶詰でおなじみのツナは、自分で作るとうんとおいしくなる。本来はまぐろを使うけど、火の入りが早いめかじきの切り身を使うと手軽。サンドイッチにしたり、サラダに入れたりと、幅広く楽しめる。

自家製ツナ

めかじき300gに塩小さじ1をふり、10分おく。水けを拭き、鍋に入れ、オリーブオイル、白ワイン各1/4カップ、ローリエ1枚、黒・赤粒こしょう各適量、にんにく薄切り1片分、塩ひとつまみを加え火にかける。煮立ったら弱火にして8分煮て、そのまま冷ます。冷蔵庫で5日間保存可能。

器―国籍不明、アンティーク

9／3

ツナとオリーブのシンプルパスタ

ツナを仕込んだ翌日は、パスタにアレンジ。自家製を使うと、手軽なパスタも上等な一品になる。ツナを煮たオイルはスパイスの風味も効いているので、活用すると、より奥行きのある味わいに。

ツナとオリーブのパスタ

ペンネ120gはゆで、ゆで汁お玉1杯、オリーブオイル大さじ2、「自家製ツナ」（9／2参照）200g、グリーンオリーブ15粒、ケイパー、レモン汁各大さじ1とともにフライパンに入れて熱し、ツナをくずしながらよく混ぜる。塩、こしょうで味を調える。

フライパン――ビタクラフト

9/4

マスカットにチーズを添えて

マスカットもここ数年、手に入りやすくなったくだもののひとつ。乳製品とナッツを添えると、手軽なワインのおつまみのでき上がり。今日はカマンベールを合わせたけど、ブリーチーズを添えるのも好き。

マスカットのマリネ
マスカット20粒は半分に切り、塩小さじ1/3、ホワイトバルサミコ酢小さじ2、レモン汁、オリーブオイル各大さじ1とさっとあえる。器に盛り、カマンベールチーズ、砕いたくるみを添える。

器―辻和美　グラス―中山孝志

9／5

ふくふく肉厚なしいたけがあれば

金沢「福光屋」のペースト状の酒粕「福正宗 純米吟醸 酒粕」は、いろんな料理に使いやすい。ふっくらおいしそうなしいたけが手に入ったら、こんなおつまみを作る。酒粕に軽く焦げ目をつけると、香ばしくおいしい。

しいたけの酒粕焼き

酒粕、しょうゆ、ごま油を3：1：1の割合で混ぜ、石づきを取ったしいたけの裏側に塗り、グリルで8分焼く。器に盛り、七味唐辛子をふり、すだちを添える。

器─伊藤聡信

9/6

歯ごたえも楽しいセロリのあえ物

セロリは大好物な野菜のひとつで、わが家の冷蔵庫では、スタメン的存在。他の野菜と合わせてもいいし、単独でもバリバリと食べたくなる。何てことないこんなひと皿も、私にとってはたまらない一品。

セロリのおかかあえ
セロリの茎1本はせん切りにして塩少々をふり、しんなりさせて水けをしぼる。黒酢、ごま油各小さじ2、かつお節2.5gとあえ、器に盛る。

器—水野克俊

9/7

栗きんとんの季節がやって来た

岐阜・中津川「すや」の「栗きんとん」は、毎年欠かさず買うお菓子のひとつ。9月に入り、店に並び始めるのを見つけると、つい手がのびる。撮影前の「まずは一服」というときに、このサイズもちょうどいい。

急須―岡田直人
湯のみ―中本純也
漆器―明治期アンティーク
盆―佃眞吾

9/8

素揚げ里いもを甘辛く味付け

和食では煮物のイメージが強い里いもだけど、私は素揚げするのがいちばん好き。フライドポテトのように、冷たい油からじっくり時間をかけて揚げると、うま味が凝縮され、味付けも決まりやすくなる。

素揚げ里いもの甘辛あえ

里いも10個は皮をむいて食べやすく切り、冷たい油から低温（160℃）で10分ほどかけて素揚げする。フライパンにしょうゆ大さじ1、みりん大さじ2をひと煮立ちさせ、素揚げした里いもをからめる。器に盛り、粉山椒をふる。

器─安齋新・厚子

9／9

南欧に誘われるケイパーたち

知り合いのライターさんからいただいた「ケーパーベリー」。普通のケイパーはつぼみで、これは花が咲いたあとの実の部分だとか。右はスペイン産、左はイタリアのトスカーナ産。おいしい食材は、旅心をそそる。

9／10

花椒《ホオアジャオ》と唐辛子の自家製醤《じゃん》

「醤」とは、中華料理などでおなじみの合わせ調味料のこと。麺にあえたり、野菜にかけたり、作っておくと毎日のごはんに便利なすぐれもの。この醤もラー油のように、鍋に餃子にと幅広く使える。

花椒と唐辛子の醤

小鍋に花椒小さじ1、粉唐辛子大さじ1、刻んだ豆豉10粒、みじん切りにしたしょうがとにんにく各1片分、しょうゆ大さじ2、紹興酒1/4カップを入れ、アクを取りながら弱火で15分煮る。

器—玉銀喜　れんげ—安齋新・厚子

9／11

四川料理の名物を自家製醤で手軽に

想像するだけでよだれが出るほどおいしいと言われる「よだれ鶏」は、代表的な四川料理のひとつ。醤があれば、鶏肉を蒸すだけで簡単に完成。鶏肉は皮ごと蒸すようにすると、ふっくらしっとり仕上がる。

よだれ鶏

鶏もも肉1枚は紹興酒大さじ3をまぶし、耐熱皿に入れ、15分蒸す。鶏肉を食べやすく切り、白髪ねぎ、白ごまをのせ、「花椒と唐辛子の醤」（9／10参照）をたっぷりかける。

器―伊藤環

生の落花生が手に入ったら

生のピーナッツは、ローストしたものとは違ったみずみずしさがうれしい。炊き込みごはんに入れたり、あえ物に使ったり。そのまま食べるときは、ゆでるより蒸すほうが、味が濃くなって断然おいしい。

蒸し落花生
落花生は殻ごと、塩をまぶして20分蒸す。

蒸籠｜照宝

9／13

味が濃くなった秋なすでマリネ

夏とくらべ食感もねっちりして、味わいも濃くなる秋なす。オイルでシンプルに焼き、自家製マスタードをかけるだけで、艶のある味わいに。なすは縦に薄切りにして焼くと、また違った味わいに。

なすのマスタードマリネ
なすは輪切りにして水にさらし、オリーブオイルで揚げ焼きする。器に盛り、ざく切りにした香菜、「自家製マスタード」（2／11参照）をかける。

器―国籍不明、アンティーク

9/14

新鮮なさんまははらわたごと

さんまといえば、秋の味覚の代表格。生きのいいものが手に入ったら、内臓ごと一緒に焼いて、ほろ苦い味わいを楽しむようにしている。香りのある薬味と、柑橘の酸味を添えれば、さらにおいしさが増す。

さんまの塩焼き
さんまは塩をふり、10分おく。出てきた水けを拭き、グリルでこんがりと焼く。大根おろし、みじん切りにした香菜をのせ、すだちをしぼる。

器―郡司庸久

9／15

思い出の祖母の得意料理

しらたきとたらこの煮物は、母方の祖母がよく作っていたなつかしの味。すけそうだらの生たらこがこの時季に手に入るので、ときどき思い出したように作る。ごはんにも合うけど、お酒のつまみにもぴったり。

しらたきとたらこの煮物

しらたき200gはさっとゆで、食べやすく切る。小鍋に出汁1/2カップ、しらたきを入れ、火にかける。煮立ったら薄皮をのぞいた生たらこ80gをほぐしながら加え、酒大さじ1、しょうゆ小さじ2、塩少々、斜め薄切りにした長ねぎ10cm分を加え、煮詰める。

器―中本純也、吉田次朗

9／16

みんな笑顔になる揚げたてコロッケ

おいしいじゃがいもがたくさん手に入ったとき、友人と営んでいた店「ストック・ザ・パントリー」でコロッケを揚げて販売したら、お客さんがみんな笑顔で驚いた。コロッケを前にして、難しい顔はできないね。

コロッケの作り方
▼巻末16ページ

器―オランダ製アンティーク

9／17

翌日のお楽しみ コロッケサンド

コロッケを揚げた次の日は、コロッケサンドを作るのがお決まり。食パンはできるだけ薄いものを選び、ホットサンドメーカーでクリスピーに仕上げる。「パンよりもコロッケが主役」というバランスが好きなのだ。

コロッケサンド
キャベツをせん切りにしてウスターソースとからめ、「コロッケ」（9／16参照）と一緒にサンドイッチ用食パンで挟み、ホットサンドメーカーで焼く。

器―フランス製アンティーク

9／18

ほんのり甘い 梨のスパイス煮

りんごと同じく、梨は箱でいただくことが多いくだもの。生の味わいを存分に楽しんだあとは、スパイスで煮ると、変化がつく。喉を潤す、薬膳デザートとしてもおすすめ。

梨のスパイス煮

梨1個は種を取って食べやすく切る。小鍋に梨、かぶるくらいの水、米飴大さじ4、おろししょうが1片分、シナモン1本、クローブ3粒を入れて火にかける。煮立ったら弱火にしてアクを取り、5〜6分煮てそのまま冷ます。

器―安齋新・厚子　木匙―加藤良行

9/19

待ちに待った新米の季節

みずみずしく、ふっくらした炊き立ての新米ごはんは、おいしい「ごはんのお供」があれば、余計なおかずはいらないほど。京都「雲月」の「小松こんぶ」は、そんな日にうってつけの一品。

器｜伊藤環　盆｜佃眞吾

9/20

梅塩でおむすびをにぎる

わが家のお米はずっと、島根の「仁多米」を取り寄せている。新米のおむすびは、艶と食感がやはり独特。梅酢から作られた梅塩でにぎり、小粒の梅干しをちょんとのせて。「今年もおいしいお米を、ありがとう」。

器｜安齋新・厚子　盆｜佃眞吾

9/21

かたまり肉でローストポーク

表面を焼いてオーブンに入れるだけ、ものすごく簡単なのにご馳走感が出るので、よく作るローストポーク。残った分は、翌朝パンに挟んだり、細かく切ってサラダに入れたり、ハムのように使いまわせる。

ローストポーク

豚ロースかたまり肉500gに塩小さじ1をすり込み、常温に戻す。フライパンで表面を焼きつけたあと天板にのせ、130℃のオーブンで60分、220℃に上げて10分焼く。薄く切って器に盛り、トレビスとレモンを添え、こしょうをふる。

器―国籍不明、アンティーク

9/22

マッシュルームペーストをパスタに

9月も半ばを過ぎると秋の気配を感じ、きのこのうま味が恋しくなる。マッシュルームのペーストは、オイルでふたをしておけば冷蔵庫で1週間ほどもち、ゆでたパスタにからめるだけで秋らしいひと皿になる。

マッシュルームペーストのオレキエッテ
マッシュルーム20個、玉ねぎ1/2個、にんにく1片はみじん切りにし、白ワイン1カップ、オリーブオイル80㎖とともに鍋に入れ、12〜13分煮る。粗熱が取れたらフードプロセッサーで撹拌し、ナンプラー大さじ1を加える。ゆでたオレキエッテにからめ、チーズをすりおろす。

器―山田洋次

9／23

お彼岸に食べる手作りおはぎ

新米に続き新豆も出まわり始め、あんこを炊くことも多くなる。家で作るおはぎは、みずみずしくて甘すぎず、好みの味にできるのがうれしい。小ぶりに作ろうと思っても、毎回つい大きくなってしまうのはなぜだろう？

おはぎの作り方▼巻末16ページ

器一水野克俊

9/24

栄養満点な
そばの実のサラダ

秋は新そばのシーズンでもあり、そばの実も新物が入荷する。プチプチした食感が楽しく、たんぱく質や食物繊維、ミネラルも豊富。煮てサラダにしたり、スープに入れたりと、いろいろ楽しめる。

そばの実のサラダ
そばの実60gは熱湯で10分ゆで、ざるに上げる。いちょう切りにし塩もみした赤かぶ1/2個、ざく切りにした香菜、くるみ各適量、黒酢大さじ1、オリーブオイル小さじ2、塩少々とあえる。

器―中本純也

9/25

果汁が美しい焼きプルーン

プルーンはオーブンで焼くと、皮にもしゅわっとした食感がついて、生とは違った味わいになる。焼くうちに濃い紫の実から赤色のきれいな果汁が流れ、それらを白いチーズにかけると絵画のようで、見惚れてしまう。

焼きプルーン
プルーンを半分に切ってオーブンペーパーを敷いた天板に並べ、160℃のオーブンで20分焼く。果汁ごと器に盛り、塩をふり、オリーブオイルをまわしかけ、リコッタチーズを添える。

器—オランダ製アンティーク

9/26

ねじりパスタに山椒を加えて

昔なつかし黒電話のコードのようなねじねじのパスタは、シチリア島生まれで「ブジアーテ」と言うらしい。高知から届いたおいしいフルーツトマトと、即興で山椒の水煮を混ぜてみたら、何ともさわやかな味わいに。

トマトと山椒のパスタ
ブジアーテをゆで、食べやすく切ったフルーツトマト、ドライオレガノ、塩、オリーブオイル、「実山椒の水煮」（6／5参照）とあえる。

9/27

おだやかな甘味のあけび

小学生の頃、近所の神社に生えていて、秋には紫の実をいっぱいつけていたあけび。当時は「不思議な食べ物だなあ」と大人が食べるのを眺めていたけれど、今は風情を感じるくだものだと思うようになった。

器―イタリア製

9／28

フレッシュな風味の新れんこん

この時季出まわる新れんこんは、アクが少なくてやわらかく、最小限の調理で充分おいしくなる。麺棒で粗くたたくと食感に変化がつき、さわやかな柚子こしょうやすだちと、よくからむ。

新れんこんの柚子こしょうあえ

新れんこん300gは皮をむき、麺棒でたたいてさっとゆでる。酢大さじ1、「柚子こしょう」（8／6参照）小さじ1、ごま油小さじ2とあえて器に盛り、すだちの薄切りを散らす。

9/29

すくすく育つさつまいも

先週芽が出ているさつまいもを見つけて、何気なく残していたら、1週間でこんなに育ってしまった。葉の様子が可愛いので、しばらくこのままで育ててみようと思う。

器―フランス製アンティーク
サルタニア
ガラス器―蠣﨑マコト

9/30

日本のおなじみエディブルフラワー

食卓が華やぐだけでなく、リラックス効果や美肌効果など、さまざまな効能があると言われている食用菊。おひたしのイメージが強いけれど、オリーブオイルとよく合うので、私はマリネにして食べることが多い。

菊のマリネ

菊花1パックはがくから花びらを外し、酢を加えた熱湯で1分ゆでる。冷水に取り、ナンプラー小さじ1、かぼすのしぼり汁小さじ2、オリーブオイル大さじ1、塩少々とあえる。

器―井山三希子

10／1

青菜をすだちとおひたしに

大根の葉は10月のうちはまだやわらかいので、さっとゆでておいしく食べることができる。ゆでるときに、塩で下味をつけておくのがコツ。そのまま食べても、細かく刻んでごはんや納豆に混ぜてもいい。

大根葉とほうれん草のおひたし
大根の葉1本分、ほうれん草1把はそれぞれ塩を多めに入れた湯でさっとゆで、食べやすく切り、バットに入れる。出汁1カップ、しょうゆ大さじ1を注ぎ、すだち輪切り適量を加え、しばらくおく。

バット―ラバーゼ

10／2

紅茶に合うプレーンクッキー

東京・代官山の「小川軒」は、ラム酒漬けのレーズンとクリームが挟まれた「レイズン・ウイッチ」が有名。クッキー部分だけの「プレーンウイッチ」が発売されたときは、すごくうれしくて、最近はこちらをよく買っている。

器―イッタラ

10／3

毎年栗は産地を楽しむ

兵庫県・丹波の栗は見かけたら必ず買うし、昨年は長野・小布施の栗に飛びついた。こちらは熊本の利平栗。「今年はどこの栗にしようかな」と、楽しみながら探すようにしている。

ざる―大分産

10／4

栗仕事の始まりは炊き込みごはん

ふっくら立派な栗が手に入ったら、まず作るのは栗ごはん。栗をむくのはひと仕事だけど、なるべくていねいに筋を取るほうが、口当たりも見た目もよくなる。濃口しょうゆを加え、香ばしいおこげもできるように土鍋で炊いた。

栗の炊き込みごはん
▼巻末16ページ

土鍋―土楽窯

10/5

渋皮煮は洋酒を効かせて

毎年必ず作る渋皮煮。オーソドックスなレシピもいいけれど、最近はラム酒やブランデーなど洋酒を加えるのが好み。甘さの中に香りとキレが加わって、食べ飽きずに最後まで楽しめる。

栗の渋皮煮の作り方
▼巻末17ページ

器―山中塗

10／6

秋らしいこっくりカレー

夏はスパイシーなカレーがおいしいけど、秋が深まってくるとこっくりした甘いカレーが恋しくなる。この牛すじカレーはトマトベース。こんにゃくや根菜が入り、しょうゆも効かせて和っぽい味わいに仕上げている。

牛すじカレーの作り方
▼巻末17ページ

器―井山三希子

10／7

大粒で立派な長野のくるみ

出まわるくるみは輸入品が多いけれど、長野産の鬼ぐるみが手に入るとやっぱりうれしい。香りも高く、サラダやパスタ、あえ物のアクセントにと万能。硬い殻を割るのも、ちょっぴりイベント性があって楽しい。

盆一　佃眞吾

10/8

スパイスを効かせたカリフラワーのサブジ

カリフラワーは大人になってから好きになった野菜のひとつ。それ自体にうま味がとても強く、ただゆでるより、オイルで煮るほうが、うんとおいしくなると思う。

カリフラワーのサブジ

食べやすく切ったカリフラワー1個、つぶしたにんにく1片、クミンシード、黒粒こしょう各大さじ1、白ワイン3/4カップ、オリーブオイル1/4カップを鍋に入れ、火にかける。煮立ったら弱火にし、20分煮る。ナンプラー大さじ1をまわしかける。

器｜須藤拓也

10／9

山椒を効かせた大人のポテトサラダ

ヨーロッパのポテトサラダはケイパーを混ぜることが多いけれど、ふと思いついて山椒を入れてみたら、アンチョビの塩けとも相性抜群。さわやかな香りが漂う、ワインにも合うおつまみになった。

山椒のポテトサラダ
じゃがいも2個は15分蒸し、フォークで粗くつぶす。刻んだアンチョビフィレ2枚、「実山椒の水煮」（6／5参照）小さじ1強、白ワインビネガー小さじ2、オリーブオイル大さじ1とあえる。

器―伊藤環

10／10

簡単だけどご馳走ポークソテー

ただ肉を焼いただけなのにご馳走感が出て、わが家ではお助けメニューになっているポークソテー。最初に塩をふると水分が出てちぢんでしまうので、塩分は肉が焼き終わってから最後に加えるのがコツ。

ポークソテー

筋切りした豚ロース厚切り肉は、常温にしっかり戻す。フライパンにオリーブオイルを熱し、豚肉を両面焼く。最後に塩、しょうゆ各少々をかけ、器に盛る。ちぎったロメインレタスを添え、こしょうをふり、フライパンに残った肉汁をかける。

器―ウェッジウッド

10/11

色を愛でる紅玉のレモン煮

強い酸味が特徴の紅玉は、煮て食べるのがわが家の定番。シナモンをふって食べるほか、アイスクリームやチーズに添えてもいい。煮たときの濃い紅色が美しくて、この色を見るために作りたくなるデザート。

紅玉のレモン煮

紅玉2個は皮ごと食べやすく切り、砂糖80g、白ワイン1/4カップ、レモン汁1個分とともに鍋に入れ、弱火で15分煮て、火を止めそのまま冷ます。器に盛り、シナモンパウダーをふる。

器、フォーク—フランス製アンティーク

10／12

高野豆腐で作る麻婆豆腐

水きりする必要がなく、煮くずれる心配もないので、わが家ではよく高野豆腐で麻婆豆腐を作る。普通の豆腐とはまた違ったこっくりとした味わいで、白いごはんともよく合う。

麻婆高野豆腐の作り方
▼巻末17ページ

器一小鹿田焼

10／13

ビーツで作る赤いスープ

ボルシチの材料でおなじみのビーツ、最近は国産が手に入りやすくなったのは、うれしい限り。栄養の宝庫としても知られているそうで、何かと忙しいこの時季に、スープに仕立てて飲むと、元気が出る。

ビーツのポタージュの作り方
▼巻末18ページ

器―岡田直人

半熟玉子で作る煮玉子

煮玉子を仕込んでおくと、お弁当のおかずにも、食事のちょっとしたおかずにも使えて便利。黄身に、火が入りすぎないようにするのがおいしさの秘訣で、半熟に煮たゆで玉子を漬け込むのがポイント。

煮玉子
熱湯に常温に戻した卵を入れて7分ゆで、半熟のゆで玉子を作り、殻をむく。小鍋に酒、黒酢、しょうゆ各大さじ2、昆布3cm角1枚、塩小さじ1/4、水80mlを入れ沸騰させ、保存容器に入れる。ゆで玉子を漬け、1時間以上おく。

器―右上から江戸後期アンティーク、伊藤聡信、角田淳、ベトナム・バッチャン焼ビンテージ

10/15

人形焼で ひと息入れて

冷菓やくだものが多かった撮影おやつも、この時季は温かいお茶と合わせたいものが欲しくなる。「山田家」の「人形焼」もそんなお菓子のひとつ。コロンとした愛嬌のある姿と、上品な甘さがお気に入り。

器｜ちきりや手塚万右衛門商店

10/16

ささげの新豆でお赤飯を蒸す

お米と同じように豆類も、新物はみずみずしく香りがよい。新鮮なささげが手に入ったので、さっそくお赤飯を作ってみる。ささげは小豆よりも皮が硬く、くずれにくいので、初心者でも扱いやすいと思う。

ささげのお赤飯の作り方
▼巻末18ページ

蒸籠―照宝　盆―堀宏治

10／17

赤玉ねぎを じっくりロースト

9月は北海道産の赤玉ねぎが出まわり始める時季。普段は生で、サラダなどに入れることが多いけど、オーブンでじっくり焼くと甘味が増し、大人っぽい味になる。肉料理のつけ合わせや、チーズをのせ、お酒のつまみにも。

赤玉ねぎのロースト

赤玉ねぎは輪切りにして、塩、オリーブオイルをまわしかけ、200℃のオーブンで15～20分焼く。

10／18

秋らしい根菜の炊き込みごはん

さつまいもの炊き込みごはんは、撮影時のまかないでもよく作る一品。しょうがのせん切りをたっぷりのせて、すだちをしぼると、ホクホク甘い中にも清涼感が出て、食べやすくなる。

さつまいもの炊き込みごはんの作り方▼巻末18ページ

鍋一土楽窯

10/19

ごはんが進む常備菜

ごはんのお供でおなじみの「なめたけ」。自分で作れば好みの塩分加減にでき、大きめのかたまりを残したりできるのもいい。一年中よく作る常備菜だけど、きのこがおいしく感じられる秋は、気分がより盛り上がる。

なめたけ

えのきだけ160gは2〜3cm幅に切り、ほぐす。小鍋にえのき、しょうゆ、みりん各大さじ2、酢大さじ1を入れ、中弱火にかけ、ときどき混ぜながら煮詰める。器に盛り、小口切りの唐辛子少々をのせる。

すり鉢─伊藤環

10／20

やさしい風味のレバーペースト

人に招かれたとき、おいしいパンと一緒に、手土産にと作ることも多いレバーペースト。これから年末年始にかけて、作る回数が増える。私は玉ねぎやセロリなど香味野菜を多めに加え、マイルドに仕上げるのが好み。

レバーペーストの作り方
▼巻末19ページ

ナイフ｜アイヘンラウプ・カトラリー

10／21

制服のようなエプロン

数年前「メルローズ」とコラボして作っていただいたオリジナルのエプロン（現在は在庫なし）。4色各5枚ずつ購入し、制服のように着続けている。軽くてすぐ乾くので評判もよく、またいつか作れるといいなと思っている。

10/22

ぬか床もミニサイズに

夏の間にたくさん食べ続けたぬか漬けも、秋が深まるにつれ、ぬか床をサイズダウン。きゅうり半分、にんじん半分という具合に、お弁当の彩りや料理のつけ合わせに間に合うくらいの量を漬けている。

10／23

じっくり加熱し甘味を引き出す

ねっとりとした食感とコクのある甘味が人気の安納いもは、見かけるとつい手がのびる、大好きな素材。蒸し焼きにしただけなのに、まるでお菓子のような味わいで、忙しい日の朝ごはんに食べることも多い。

安納いもの蒸し焼き
安納いもはアルミホイルで包み、厚手の鍋に入れ、底から２cm水を入れて火にかける。煮立ったらふたをして、弱火にして25分蒸し煮にする。途中水分がなくならないよう注意する。

竹かご―大分産

10/24

大理石模様の薄焼きクッキー

薄くてさっくり、なつかしいけど洗練された味わいの「山本道子の店」の「マーブルクッキー」。予約をしないと買うことができない特別感もいい。仕事でお店の近くに行く予定があると、楽しみに電話することにしている。

10/25

洋梨の食べ頃を待ちわびて

洋梨は「追熟する楽しみ」があるくだもの。部屋に飾っていい匂いを楽しみつつ、「もうそろそろかな?」と思いながら過ごすのがうれしい。フライパンで軽く焼き、リコッタチーズをのせて食べるのが最近のヒット。

器―安藤雅信

10/26

フランスの家庭菓子
ファーブルトン

モチモチの食感がおいしいファーブルトンも、計量が適当でも作れる、大らかなおやつ。フランスのお菓子だけど、和菓子に通じるようななつかしさがあると思う。

ファーブルトンの作り方
▼巻末19ページ

10/27

トマトパスタは永遠のシンプル

煮くずしたトマトに、ゆでたパスタを混ぜるだけ。いちばんシンプルで簡単だけど、きっと誰もが好きな一品だと思う。こちらは何となく、普通のスパゲッティよりやや太めな、ヴェルミチェッリと合わせるのが好み。

トマトパスタ

フライパンにつぶしたにんにく1片、オリーブオイル大さじ1を熱し、ざく切りにしたトマト大2個、白ワイン大さじ2、塩小さじ2/3を加え、くずしながら水けを飛ばし、10分煮詰める。ゆでたパスタ160gを加えてからめ、こしょうをふる。

器―フランス製アンティーク
フォーク―クリストフル

10／28

蒸すと甘味が増す リーキのオイル蒸し

ねっとりした食感と強いうま味が魅力のリーキ。輸入ものが多いけど、最近は長野県産など国産も手に入るようになった。オイル蒸しにしておくと、グラタンやパスタにアレンジしたりと、いろいろ楽しめる。

リーキのオイル蒸し

リーキ2本は2cm厚さの輪切りにして鍋に並べ、白ワイン3/4カップ、オリーブオイル1/4カップ、ローリエ1枚、半分に切ったにんにく1片を加え、ふたをして弱火で20分煮る。器に盛り、黒こしょうをふる。

10／29

贅沢な味わいの芝えびの玉子焼き

芝えびをペースト状にして焼き込んだ、うま味たっぷりの玉子焼き。芝えびは味噌も絶品なので、加えるとより奥行きのある味わいに。すだちのさわやかな酸味で引き締めると、さらにおいしくなると思う。

芝えびの玉子焼きの作り方

▼巻末19ページ

器—安藤雅信

10/30

たまには卵かけごはん

10月30日は「たまごかけごはんの日」なのだそう。おいしい卵が手に入ったときは、炊き立てのごはんにのっけて、しょうゆをひとたらし。究極の簡単料理なのに、しあわせな気分になれるのは本当に不思議。

器ー伊藤環
しょうゆ差しー村上躍

10／31

ハロウィンにはかぼちゃを飾る

すくなかぼちゃにコリンキー、バターナッツ。最近はかぼちゃの種類も豊富で、どれも形が可愛い。ハロウィンは特に凝ったことはしないけれど、こんなフォトジェニックな野菜たちを飾ると、気分も盛り上がる。

器―須田二郎

11／1

照り焼きが主役の夫弁当

お弁当はいつも、昨晩の残りや作り置きも含め、20分程度で完成させるようにしている。鶏の照り焼きは、そんなお弁当の定番おかず。出勤する夫のために作るお弁当は、こんな感じのものが多い。

照り焼き弁当

ごま油少々を熱したフライパンで鶏もも肉200gを両面焼き、しょうゆ、みりん、酒各小さじ2とからめて取り出す。冷めたら食べやすい大きさに切る。弁当箱にごはん、玉子焼き、きゅうり、ひじきと玉ねぎのあえ物、かぼちゃの煮物、しば漬けとともに詰め、白ごまをふる。

弁当箱―秋田大館曲げわっぱ

11／2

秋のさばを中華風の味付けで

さばには、中華やエスニック系の味付けがよく合うと思う。夏はさっぱりしているけれど、秋冬は脂がのってきて、ふっくらしっとり。黒酢と紹興酒で奥行きを与え、コクのある豆豉をまぶして焼き上げる。

さばの豆豉炒めの作り方
▼巻末19ページ

器｜中本純也

11／3

きんぴらはナンプラーで

しょうゆよりもキリッとしてキレがよくなるので、ごぼうのきんぴらはナンプラーで作るほうが好き。いつもよりていねいに、細く均一にせん切りをすると、きんぴらのようなおかずも洗練された雰囲気になる。

ごぼうのナンプラーきんぴら

ごぼう2本はせん切りにして水にさらす。フライパンにごま油小さじ2を熱し、ごぼう、しょうがせん切り1片分を炒める。酒、ナンプラー各小さじ2を加え、炒める。器に盛り、黒ごまと小口切り唐辛子を散らす。

器─安藤雅信

11／4

薄切り柿のシャキシャキサラダ

柿は断然「硬い派」で、たとえばサラダにするときも、硬めのほうが野菜と合わせやすい。清涼感のある葉野菜や柑橘の酸味と合わせると、この季節ならではの口福に。やわらかなせりが買えたら、こんなサラダに仕立てて。

柿とせりのサラダ
柿1/2個は1.5㎜幅の薄切りに、せりは7〜8㎝長さに切る。すだち果汁2個分、オリーブオイル大さじ1、ナンプラー小さじ1とあえて器に盛り、黒こしょうをふる。

器―北欧製ビンテージ

11／5

餃子より手軽な焼売作り

蒸籠で蒸すだけなので、餃子よりも気軽で、思い立ったらすぐに作れる焼売。ぎゅっと首の部分を締めるように成形すると、皮と身が離れにくくなる。焼売や餃子の皮は近所の「成城石井」で手に入る「八幡製麺所」のものが好き。

焼売の作り方▼巻末20ページ

あんべら―かごや

11／6

ほんのり塩が効いた
大好きな豆大福

「家の近所だから」と、カメラマンのKさんがいつもお土産で持ってきてくださる東京・高輪「松島屋」の「豆大福」。日持ちのするお菓子もありがたいけど、「その日中に」というのが何とも言えず、贅沢な気分に。

11/7

台湾の味わいが恋しくなったら

台湾の屋台や食堂では定番の、高菜ごはん。酸っぱくて歯ごたえのある高菜とたけのこ、豚肉を一緒に炒め、白いごはんにパラリとかけるだけ。素朴だけど食が進み、たまに無性に食べたくなる一品。

台湾風高菜ごはんの作り方
▼巻末20ページ

器—中本純也

11／8

手軽にできるスライス干し柿

丸ごとつるす干し柿は、乾燥させるのにも時間がかかるので、私は薄切りにした干し柿をよく作る。甘さが増し、食感も出て、白かびチーズなどと合わせると絶品に。硬めの柿を使うのがポイント。

スライス干し柿
柿は5㎜幅の薄切りにしてざるに広げ、風通しのいい場所に半日ほど干し、乾燥させる。2〜3日以内で食べ切る。

ざる―竹虎

11／9

兵庫産の上質な豆の贈り物

お世話になっているデザイナーさんがアートディレクションに関わっている、兵庫・加西「ten」の丹波黒と大納言小豆。上質な豆がさらに素敵に見えるパッケージ。地方には、こんな宝物のような逸品がたくさんある。

11/10

小豆を煮るのが楽しい季節

いただいた小豆をさっそくコトコト煮る。早めに食べ切るので砂糖は控えめ、最後に岩塩を散らすのが好き。翌朝はお餅を焼いて入れ、朝ごはんにも。秋が深まってくると、豆を煮るのが楽しくなる。

小豆煮

小豆1カップを鍋に入れ、かぶるくらいの水を加え、火にかける。煮立ったら湯を捨て、水を替えて、差し湯をしながら弱火で20分煮る。てんさい糖1/3カップを加え、さらに40分煮る。器に盛り、岩塩をふる。

器―江戸後期アンティーク
匙―山岸厚夫

11／11

もやしが主役の蝦麺のあえ麺

「もやしの日」にちなんで、もやしの蝦麺を作る。面倒でもひげ根をていねいに取ると、味わいが全然違ってくる。もやしと麺を合わせるときは、細い麺のほうがなじみがよくなり、食べやすくなる。

もやしの蝦麺

もやし1/2袋はひげ根を取り、熱湯で30秒ゆでてざるに上げる。ボウルにもやし、ゆでた蝦麺1玉、しょうゆ、黒酢、ごま油各大さじ1、小口切りの青ねぎ適量、粗びき唐辛子少々を入れ、よくあえる。

ボウル―柳宗理

11／12

箸休めにいい
酢ばす

この時季のれんこんは、身が固く引き締まり、味も濃くなってくるので、しっかりとした酸味がよく合う。酢ばすは冷蔵庫に入れると4〜5日持ち、焼き魚に添えたり、刻んで青菜とあえたりと重宝する。

酢ばす

れんこんは薄切りにして、酢少々を加えた湯で1分半ゆでる。熱いうちに酢、塩、小口切りの唐辛子とあえる。

器―安齋新・厚子

11／13

包みも可愛いロシアケーキ

京都「村上開新堂」の「ロシアケーキ」は、包装紙を開けると現れる水引のようなリボンも可愛い。クッキーよりもほんのりソフトな食感と、やさしくなつかしい味わいは、変わらぬ安心感につながっている。

11／14

秋しか食べられない むかごごはん

むかごとは、山いもの葉の付け根にできる小さな球状の芽のこと。ホクッとした食感も楽しく、年に一度炊き込みごはんにするのが楽しみ。食欲の秋にふさわしく、もち米を加え、食べごたえが出るように炊き上げる。

むかごごはん

白米1.5合、もち米0.5合は水で洗い、ざるに上げる。鍋に米類、むかご200g、水360㎖、酒大さじ1、塩小さじ1、昆布5cm角2枚、せん切りしょうが1片分を入れふたをし、火にかけ、煮立ったら弱火にして15分炊き、火を止め15分蒸らす。

鍋—雲井窯

11／15

古本屋で見つけた豆腐料理の本

「辻留」の本は、日本料理の基本を学べる教科書のような存在。和食ならではの美意識や、華美ではないけど芯のある料理の素晴らしさを教わったと思う。味わいのある題字は、佐野繁次郎によるもの。

湯のみ｜中本純也

11/16

甘くてミルキーな晩秋の牡蠣

牡蠣は火を入れすぎると固く身がしまってしまうので、オイルとからめ、さっと火を入れるのがおいしくいただくコツ。やわらかな九条ねぎは斜め薄切りにすると食べやすく、牡蠣ともからみやすくなる。

牡蠣の九条ねぎ蒸し

鍋に牡蠣(加熱用)200g、紹興酒1/4カップ、ごま油小さじ2を入れ、ふたをしてさっと蒸し煮にする。器に盛り、斜め薄切りにして水にさらした九条ねぎ3本分、ざく切りにした香菜2〜3本分をのせ、黒酢大さじ1、しょうゆ小さじ2を混ぜたものをまわしかける。

器―市川孝

11/17

切り干し大根を黒酢であえて

一年中手に入ると思われる乾物も、実は鮮度が大切。切り干し大根も、秋は新しい天日干しのものが手に入る時季。本当にシンプルなあえ物だけど、いつまでも食べ続けられそうなくらい好き。

切り干し大根の黒酢あえ
切り干し大根30gは水で戻し、食べやすく切る。せん切りしょうが1片分、黒酢、ごま油各大さじ1、ナンプラー小さじ2とあえ、器に盛り、白ごまをふる。

器―安齋新・厚子

11／18

ごはんにかければ
でき上がり

石川・山中温泉「小出仙」の「湯泉たまご」と広島「三國屋」の「うみべのしおのり」。「今日はもう何も料理したくない」という日に、あると便利なのがこのセット。ふたつをごはんにのっけるだけで、大満足な味わいになる。

器｜荒井智哉

11／19

思い出のクリームスープ

子どもの頃、実家にお歳暮としてよく届いていた「帝国ホテル」の「コーンのクリームスープ」。インスタント食品はほとんど食べないけれど、これだけは何だかなつかしくなって、たまに買ってしまう。

11／20

朝食に食べたいコーンブレッド

日本では売っている店が少ないけれど、見つけたらほぼ買うほどのコーンブレッド好き。素朴な味わいは、朝食にもおやつにもいいし、フレッシュチーズやジャムと組み合わせて食べてもおいしい。

コーンブレッドの作り方
▼巻末21ページ

ケーキクーラー｜イギリスデザイン、中国製

11／21

色鮮やかな銀杏の素揚げ

銀杏は殻をむいたものも売っているけれど、自分で割ったほうが断然香りがよく、色もきれい。素揚げにすると、するりと薄皮がむけ、「へんしーん」といった感じで、美しいグリーンイエローが現れる。

銀杏の素揚げ
銀杏は殻をむく。中温（170℃）に熱した揚げ油で1～2分揚げる。器に盛り、塩をふる。

器―安藤雅信

11／22

風邪の気配を感じたら

空気が乾燥するこの時季、喉に痛みを感じて「風邪をひきそう」と思ったときは、マヌカハニーをなめるのが習慣。ニュージーランドだけで採れる抗菌作用の高いはちみつで、整腸作用などもあるのだとか。

11／23

家族みんなが大好きな肉まん

ずっしりと重たく、皮はモチモチ、肉汁もたっぷり。1個食べると大満足な横浜・中華街の「華正楼新館売店」の肉まん。近所のデパートでも取り扱っていて、ときどき休日の朝ごはんに食べたりする。

蒸籠｜照宝

11／24

煮込みに便利なザワークラウト

ドイツの発酵食品・ザワークラウトは、手作りすると拍子抜けするほどに簡単。じゃがいもやソーセージと一緒に煮たり、肉料理に添えたりと、あるととても便利。香りづけにローリエなどを入れてもおいしい。

ザワークラウト
キャベツ1個をせん切りにして塩小さじ1をまぶし、軽くもんで保存瓶に入れる。ミネラルウォーターをひたひたになるまで注ぎ、ときどきゆすりながら上下を返し、常温で1か月おく(夏場はもう少し早く発酵が進む)。

瓶―スウェーデン製ビンテージ

11／25

冬に食べるのがいいアイスクリーム

新しいフレーバーが出たら必ずチェックする「ハーゲンダッツ」のアイスクリーム。ここ最近は限定販売の「ほうじ茶ラテ」がヒットだった。外食して酔って帰宅したとき、夜中に食べる禁断の味が、たまらない。

スプーン｜クリストフル

11/26

根っこがおいしい秋田のせり

近所の店に毎年入荷する秋田の三関せりは、葉がやわらかくてみずみずしい。立派な根っこも風味がよく、これが主役といってもいいほど。きりたんぽ鍋の定番であり、見かけるとうれしくなって、必ず買ってしまう。

かご―久保一幸

11／27

秋田の名産を鍋に仕立てて

秋田の県魚・はたはたは、魚醤のしょっつるの原料としても知られる淡白な白身魚。せりと一緒に鍋に仕立てると、何とも滋味深い味わいになる。ふわふわと湯気の上がる鍋を食べると、「いよいよ冬がやって来る」という気持ちに。

せりとはたはたの鍋の作り方

▼巻末21ページ

鍋─土楽窯

11/28

母の好物だった干し柿

実家の母は干し柿に目がなく、毎年冬になると、いろんな地方の干し柿を、箱で買って取り寄せていたりした。先日母から届いた荷物の中にも、おすそ分けが同梱。なつかしく、ありがたくいただいた。

器｜伊藤環

11/29

歴史ある紅茶店の茶葉をまとめ買い

撮影などでたくさんの人が訪れるわが家、一日に何度となくお茶を淹れるので、茶葉のストックは欠かせない。ある日まとめ買いした芦屋「ムジカ」の茶葉は、「ヌワラエリヤ」や「ヒマラヤン」が好評だった。

急須　郡司庸久

安納いものやさしいスープ

目覚めの空気がキリリとしてきたこの頃、朝にあるとうれしいのは、こんなポタージュ。甘くてこっくりとした安納いものおいしさを、そのままシンプルに味わう。乳製品を少し加えると、コクが出てさらにうれしい。

安納いものスープ
鍋にオリーブオイルとみじん切りにした玉ねぎ1/3個を入れて炒め、2cm角に切った安納いも300g、白ワイン1/4カップ、かぶるくらいの水を加え、やわらかくなるまで弱火で煮る。ミキサーで攪拌し、塩で味を調える。器に盛り、オリーブオイルをかけ、リコッタチーズをのせる。

器—吉田直嗣

12／1

子持ちがうれしいかれいの煮つけ

大きくて立派な、なめたがれいは、冬になると母がよく煮つけにしてくれた。煮てから一度冷まし、食べる直前に再度温めるようにすると、味がよく染みる。針しょうがをたっぷりのせて、白いごはんと一緒に。

かれいの煮つけ
鍋に出汁1カップ、酒1/4カップ、皮付きしょうがの薄切り3〜4枚を入れて煮立て、かれいの切り身2切れ、しょうゆ大さじ1を入れ、ときどき煮汁をかけながら弱火で12分煮る。器に盛り、せん切りしょうがをたっぷりのせる。

器—小谷田潤

12／2

風呂吹き大根に白味噌をかけて

最近はオールシーズン手に入る大根だけど、風呂吹き大根を作るならやはり、寒さで甘さが増した冬の大根で。大根は買ったときにまとめて煮ておくと、焼いたりおでんに入れたりと、アレンジもしやすい。

風呂吹き大根

大根は3㎝厚さに切って面取りをし、米の研ぎ汁でやわらかく下ゆでする。水洗いし、昆布出汁でさらに20分煮る。小鍋に白味噌大さじ2、みりん大さじ1、塩小さじ1を入れ、もったりするまで弱火にかける。器に大根を盛り、味噌をかけ、粉山椒をふる。

器──一柳京子

12／3

プチヴェールを梅酢で蒸し煮に

ケールと芽キャベツの交配から生まれたプチヴェール。青々として栄養価が高く、加熱するとほんのり甘味も増して、食べていて気分がいい野菜。梅酢とも相性がよく、一緒にさっと蒸すのが好き。

プチヴェールの梅酢蒸し
フライパンに食べやすく切ったプチヴェール1袋、梅酢、酒、ごま油各大さじ1、にんにく1片を入れて火にかけ、ふたをして3〜4分蒸し焼きにする。

器—棚橋祐介

12／4

心も温まる
甘酸っぱい薬膳茶

仕事仲間のライターさんが差し入れてくれた、東京・西荻窪のジャスミン茶専門店「サウスアベニュー」の「風邪に負けない茶」。ハイビスカスやバラ、レモンなどが入った華やかなお茶で、年末の寒さも乗り切れそう。

ガラスポット｜スタジオプレパ
鉄瓶｜釜定

12／5

人気のマントウで朝ごはん

東京・世田谷の「鹿港《ルーガン》」に行った日は、マントウをまとめ買いして、冷凍しておく。蒸籠でほかほかに蒸し、さっと焼いた干しえび入りの玉子焼きを挟むと、それだけで贅沢な冬の朝ごはんになる。

マントウの玉子サンド

溶き卵2個に干しえび大さじ2、粗みじん切りにした長ねぎ10cm、ナンプラー小さじ1を混ぜ、ごま油大さじ1/2を熱したフライパンで、ふんわりした玉子焼きを作る。蒸したマントウを横半分に切り、玉子焼きを挟む。

器―台湾製

12／6

サクサクの衣でわかさぎを揚げる

魚が苦手な人でも食べやすいわかさぎのフリットは、衣にビールを加えると、サクッとした軽やかな食感に。いつもの揚げ油にオリーブオイルを大さじ2ほど加えると、さらに風味がアップする。

わかさぎのフリット

わかさぎ8尾に薄力粉をまぶす。溶き卵1個分に薄力粉大さじ3、ビール1/2カップを混ぜた衣にくぐらせ、高温（180℃）に熱した揚げ油で2分揚げる。器に盛り、レモンと塩を添える。

バット―ラバーゼ

12／7

食感が楽しい はなびらたけ

コリコリとした特徴的な食感と、高い栄養価で注目を集めているはなびらたけ。うま味も強く、花椒をアクセントにしてシンプルに炒めるだけで、立派な一品に。何となく冬は、白い食材を食べたくなる。

はなびらたけの花椒ソテー

フライパンにごま油小さじ2、花椒小さじ1/2を熱し、小分けにしたはなびらたけ150gを炒める。紹興酒、黒酢各小さじ2を加えてさらに炒め、塩小さじ1/3をふる。

器―棚橋祐介

12／8

粒が大きなブータンの唐辛子

世界中を旅しているフォトグラファーのAさんからいただいたブータン土産は、唐辛子と花椒。こういうお土産は、ワクワクが止まらない。高地で育つブータンの農作物は、害虫がいないので、すべてオーガニックらしい。

12／9

唐辛子を使って鶏肉料理を

ブータンの唐辛子は、ちぢれているほどうま味が強いらしく、鶏肉と一緒に中華風の炒め物にしてみた。種は辛いので取りのぞき、さっと水にさらすとやわらかくなる。世界中にある唐辛子料理、奥深いなあといつも思う。

鶏肉とカシューナッツの唐辛子炒めの作り方▼巻末21ページ

器—小鹿田焼

12／10

年末年始に向け カトラリーの手入れ

一年中使っているけど、特にこの時季使用頻度が高くなるシルバーのカトラリー。クリストフルやアンティークなど、若い頃からコツコツ集めてきたもの。手作りしたリネンの専用袋から取り出し、ピカピカに磨く。

12／11

鍋のたれにも活躍 にらの醤

にらはハーブ的に使うのが好きで、「醤」にしておくといろんな料理に活用できる。水炊きのたれにしたり、うどんにかけたり、蒸した白身魚にかけたり。身体を温めてくれる効果もあるので、この時季に便利。

にらの醤

にら1束は1cm幅に切って耐熱の保存容器に入れる。小鍋に黒酢、しょうゆ、紹興酒各1/4カップ、しょうがのみじん切り1片分、粗びき唐辛子小さじ1～2を入れてひと煮立ちさせ、ごま油大さじ2を加え、もうひと煮立ちしたら、にらに注ぐ。冷蔵庫で1週間保存可能。

12／12

湯豆腐に にらの醤をのせて

温かな湯気が上がる湯豆腐は、この季節の定番副菜で、にらの醤との相性は最高。「少し多いかな？」と思うほどたっぷりのせて、いただくのが好き。醤は時間が経つと辛味がマイルドになり、うま味がより立ってくる。

湯豆腐のにらの醤のせ

鍋に水と昆布適量を入れ、火にかける。煮立ったら豆腐を入れ、弱火で6～7分じっくり加熱する。器に盛り、「にらの醤」（12／11参照）をたっぷりのせる。

器―中本純也

12／13

年末に向けゆり根のお取り寄せ

ここ数年、年末になると北海道「美瑛選果」からゆり根を取り寄せる。おがくずに埋まっているので日持ちするし、茶碗蒸しにしたり、ゆり根入りの栗きんとんを作ったり。お正月に向けた準備が始まっている。

12/14

ちりめんキャベツのワイン蒸し

繊維が強く、加熱すると甘味が増すちりめんキャベツは煮物向き。最近は国産が手に入りやすくなり、うれしい限り。オリーブと生ハムの塩け、ワインの酸味でただ煮ただけで、本当においしい一品になる。

ちりめんキャベツのワイン蒸し
ちりめんキャベツ1/2個はせん切り、玉ねぎ1個は薄切り、にんにく1片はつぶす。鍋に野菜類、細切りにした生ハム4枚、グリーンオリーブ40g、白ワイン1カップ、オリーブオイル大さじ2を入れ、弱火で20分煮る。器に盛り、こしょうをふる。

器―山田洋二

12／15

シンプルなゆり根おこわ

ゆり根の甘味やうま味を、シンプルに味わいたくて作ったおこわ。蒸したてに塩をぱらりとふりかけるだけで、何とも優雅な味わいに。ゆり根の白は冬の白、漆椀に盛りたくなる。

ゆり根おこわ
もち米2合は2時間水につけてざるに上げ、水少々をふり、30分蒸す。食べやすくほぐしたゆり根を加え、さらに5〜6分蒸す。器に盛り、軽く塩をふる。

器―輪島塗アンティーク

12／16

コロンとした菊いもを素揚げで楽しむ

シャキシャキした歯ごたえとほんのりした甘味、健康食品としても注目されている菊いも。生でも食べられるそうだけど、皮ごと素揚げして、塩をふって食べるのが好み。花椒をふると、さらに華やかな味わいになる。

菊いもの素揚げ

菊いもは食べやすい大きさに切り、中温（170℃）に熱した揚げ油で3〜4分揚げる。油をきり、すり鉢で砕いた花椒、塩少々をふりかける。

器—安藤雅信

12／17

ワインに合わせたい牡蠣のバターソテー

本日手に入ったのは、兵庫・播磨灘の牡蠣。バターで軽く焼き目をつけて、最後の香りづけに、タイムを一枝。牡蠣はハーブやスパイスで少し香りを足すと、洗練された味わいになると思う。

牡蠣のバターソテー
フライパンにオリーブオイル大さじ1、薄切りにんにく1片分を熱し、牡蠣（加熱用）200gを入れて両面に焼き目をつける。白ワイン大さじ1、バター15g、タイム1枝を加えてなじませ、しょうゆ少々を加える。器に盛り、こしょうをふる。

器―フランス製アンティーク

12/18

ブロッコリーを白あえに

豆腐は水きりせず、その水分をそのまま生かした、しっとり白あえ。ゆでただけだと余らせがちなブロッコリーも、白あえにすると箸が進む。甘さを増した、冬のブロッコリーで作るのがおいしい。

ブロッコリーの白あえ

ブロッコリー1株は大ぶりに切り、塩少々を加えた湯で2分半ゆでる。すり鉢に絹ごし豆腐150g、練りごま大さじ3、しょうゆ大さじ1、塩ひとつまみを入れて、なめらかになるまですり、ブロッコリーを加えてあえる。

すり鉢―余宮隆

12／19

きんかんをスパイスで煮る

最近のきんかんは糖度が高いので、昔ほど甘味を入れなくても、充分おいしく煮える。スパイスを入れて煮るとエキゾチックな味わいになり、シロップもお湯で割るとおいしいホットドリンクになる。

きんかんのスパイス煮

鍋にきんかん15粒、メープルシロップ1/2カップ、水1と1/2カップ、八角1個、レモングラス4㎝幅を3〜4本、クローブ3〜4粒を入れ、火にかける。煮立ってから弱火で5分煮て火を止め、そのまま冷ます。

鍋―無水鍋

12／20

お歳暮の定番
紅まどんな

果肉がなめらかで果汁たっぷり、「木になるゼリー」ともいわれている愛媛の「紅まどんな」。口にすると「本当にゼリーみたい！」と驚く人も多く、お世話になった方に贈る、お歳暮の定番のひとつにもなっている。

器―辻和美

12/21

白子は白味噌仕立てで

昔から実家では、白子は白味噌のお味噌汁で食べるのが決まりだった。ソテーして食べるのは大人になって覚えた「他所の味」。甘くクリーミーな味噌汁は、まさに冬の味わい。

白子のお味噌汁

出汁2カップに白味噌大さじ3、酒大さじ1、塩小さじ1/3を入れてよく混ぜ、たらの白子200gを加えさっと火を入れる。器に盛り、柚子皮をのせる。

器―吉田直嗣　盆―佃眞吾

12／22

歴史ある老舗の本葛粉

お土産でいただいた奈良「森野吉野葛本舗」の吉野葛。葛でつけたとろみは片栗粉と違いなめらかで冷めにくく、この時季の料理にはもってこい。身体が冷えたらお湯で溶き、はちみつや柚子果汁をたらして葛湯で飲むのもうれしい。

12/23

年末に人を招いてかにを蒸す

せいこがにはオスのずわいがにより小さく、味が濃厚で価格も手ごろ。甲羅がやわらかく、パカッと開くと、味噌や卵も楽しめる。人を招くことの多い年末は、こんな気軽な料理でもてなすのもいい。

蒸しせいこがに
せいこがには20分蒸す。殻を割り、しょうゆを加えた黒酢につけて食べる。残った脚は、味噌汁などに活用するとよい。

蒸籠—照宝

12/24

特別な日のラムロースト

家族だけでなく、人を招いてクリスマス会をするような特別な夜は、普段は買わない骨付きのラムロックをローストする。かたまりで焼くとふっくらジューシー。付け合わせにほろ苦い野菜を一緒に焼くのが好き。

ラム肉のローストの作り方
▼巻末21ページ

12／25

特別な日のための砂糖漬け菓子

ジェノバの老舗菓子店「ピエトロ・ロマネンゴ」の「フルッタ・カンディータ」は、高度な職人技から生まれた、くだものの砂糖漬け。凝縮された果実の味がしっかりと感じられて、特別な日にこそ食べたいお菓子。

12/26

ころんと可愛い芽キャベツフライ

芽キャベツは冬の煮込み料理に使われることが多いけど、煮ると少し苦味が立つような気がして、焼くか揚げるほうが私は好み。衣をつけて揚げると、歯ごたえもよくなり、甘味も引き出される。

芽キャベツのフライ

芽キャベツは軽く塩をふり、薄力粉、溶き卵、パン粉を順につけ、中温（170℃）に熱した揚げ油で3〜4分揚げる。器に盛り、けずったパルミジャーノ・レッジャーノとレモン皮をふりかける。

器―オランダ製アンティーク
フォーク―フランス製アンティーク

12／27

あるとうれしい赤かぶのあえ物

甘くて、生のままでもやわらかい赤かぶ。12月は赤大根や紅芯大根など、生でも食べられる赤い根菜がいろいろ手に入り、箸休めに重宝する。みずみずしく甘さも強いので、最低限の味付けでも、充分おいしい。

赤かぶのあえ物
赤かぶはせん切りにし、塩をふってしばらくおき、汁けをしぼる。酢適量を加え、さっと混ぜる。

器―中本純也

12／28

身体が温まる えびいもの煮物

「京いも」とも呼ばれるえびいもは、お正月料理に準備する素材のひとつ。きめが細かく、ねっとりとした食感、煮くずれにくいのもうれしい。身体を温める酒粕と葛で白味噌仕立ての煮物にして、ひと足先にお味見を。

えびいもの白味噌仕立ての作り方
▼巻末22ページ

器｜佃眞吾

12/29

お正月料理をいよいよ開始

仕事を納め、年末の大掃除が一段落したら、いよいよお正月料理の仕込みを開始。まずは数の子の準備から。半分はそのままおせちに入れて、半分は松前漬けにするのがここ数年の定番コース。

数の子のしょうゆ漬け
数の子6本は塩ひとつまみを入れた水につけて3〜4時間おき、水をかえて同様に3〜4時間おき、塩抜きをする。薄皮をむき、出汁1/2カップ、薄口しょうゆ、酢各小さじ1と1/2に漬け、さらしをのせ、かつお節をまぶして1〜2日おく。

バット―無印良品

12／30

数の子の半分は松前漬けに

塩抜きした数の子を活用して、するめや昆布と一緒に混ぜて、松前漬けを作っておく。松前漬けは、海の幸がたくさん入った、北海道の郷土料理。コリコリした食感が楽しく、ごはんにもお酒にも合う。

松前漬けの作り方▼巻末22ページ

器─伊藤環

12／31

コトコト鍋まかせのビーフシチュー

最後の掃除をしたり、しつらえを整えたり。大晦日は何かと忙しい一日なので、火にかけっぱなしの料理のほうが都合がいい。家族みんなで食卓を囲めることに感謝しながら、一年最後の日はふけていく。

ビーフシチューの作り方
▼巻末22ページ

器—山田洋二

巻末

この本の決まりごと

・分量は特に記載がない場合は作りやすい分量です。
・特に記載がない限り、出汁はかつお昆布出汁、バターは有塩です。
・1カップは200㎖、1合は180㎖、大さじ1は15㎖、小さじ1は5㎖です。
・野菜類などは、水で洗う、皮をむくなどの工程は省略しております。材料に応じて、下準備をしてください。
・保存期間は保存状態によって変わりますので、あくまで目安にして早めに食べ切ってください。
・常温におく発酵物は、夏の気温が高い時季は冷蔵庫に入れるなど、腐敗しないよう気を付けてください。
・器や道具類はすべて著者私物で作家名や製造地が分かるものだけ記載しています。

1／1 鯛の昆布じめ寿司

Ⅰ 鯛の刺身1さくは塩少々をふり、15分おく。出てきた水けをキッチンペーパーで拭き、さっとよごれを拭いた昆布で挟み、ラップに包んで冷蔵庫で半日～ひと晩おく。

Ⅱ 白米2合を固めに炊き、赤酢80㎖、塩小さじ1をふり、よく混ぜ、重箱に敷き詰める。

Ⅲ 薄切りにし、煮切り酒を刷毛でさっと塗った鯛の昆布じめ、6等分に切った市販の千枚漬け適量、蒸したゆり根適量をⅡにのせ、「実山椒の水煮」（6／5参照）、すだちの輪切りをおく。

1／2 錦玉子

（15×15㎝の流し缶1台分）

Ⅰ 常温に戻した卵6個を熱湯で11分ゆでて殻をむき、白身と黄身に分ける。

Ⅱ 白身はざるで裏ごしし、砂糖大さじ2と1/2、片栗粉小さじ1/2、塩ひとつまみと混ぜる。黄身は裏ごしし、砂糖大さじ1、片栗粉小さじ1/2、塩ひとつまみを加え混ぜる。

Ⅲ 流し缶をさっと水でぬらし、軽く拭いて白身を敷き詰める。黄身の半量はスプーンなどで押さえながら平らにのせ、残りは箸でふんわりのせる。

Ⅳ Ⅲを7分蒸し、冷まして切り分ける。

1／4 鶏がらラーメン

Ⅰ 鶏がら1羽分を水でよく洗い、鍋に入れて水を加え煮立たせ、いったんざるに上げさらに水洗いする。再び鶏がらを鍋に入れ、ねぎの青い部分1本分、皮付きしょうが薄切り1片分、酒1/4カップ、水2ℓを入れ、火にかける。

Ⅱ 沸騰したら弱火にして、アクを取りながら40～50分煮て、塩小さじ1を加える。

Ⅲ 器にゆでた中華麵を入れ、鶏がらスープを注ぎ、白髪ねぎ適量をのせ、白ごま適量をふる。

1／8 酸菜白肉鍋

Ⅰ 横1㎝幅に切った白菜1/4個に塩小さじ1をまぶし、清潔な保存瓶に入れ、ミネラルウォーター1/4カップを加えてふたをし、常温で2週間おく。ときどき上下を返し、しっかり酸味が出てきたら「酸菜」のでき上がり。

Ⅱ 鍋に昆布出汁3カップ、紹興酒80㎖、酸菜適量を入れて火にかけ、沸騰したら食べやすくほぐしたまいたけ80g、食べやすく切った豚バラ薄切り肉150g、細ねぎ適量を加え、さっと煮る。白ごま適量をふる。

Ⅲ ねりごま、しょうゆ、黒酢各小さじ1、粗びき赤唐辛子、ななめ切りにした細ねぎ各少々、ごま油小さじ2を混ぜたたれにつけて食べる。

1/13　おでん鍋

Ⅰ　干ししいたけ4枚、結び昆布8本はかぶるくらいの水に6時間以上つけて戻し、干ししいたけは石づきをとる。戻し汁はとっておく。

Ⅱ　大根1本は3㎝厚さの輪切りにして面取りし、片面に十字に切れ目を入れる。鍋に入れかぶるくらいの水を加えて火にかける。煮立ったら弱火にし12分ゆでてざるに上げる。

Ⅲ　ごぼう2本は6㎝長さに切って水にさらし、太いものは縦半分に切る。アク抜きしたこんにゃく1枚は格子に切れ目を入れ、三角形に切る。

Ⅳ　鍋にⅠ、Ⅱ、Ⅲ、Ⅰの戻し汁、水3～4カップ、酒1/2カップを入れて火にかける。煮立ったらアクを取り、弱めの中火にしてさつま揚げ4枚、半分に切ったちくわ4本、4等分に切ったはんぺん1枚、ゆで卵2～3個を入れて40分煮る。火を止め、そのまま冷ます。食べる直前に再び温める。

1/15　ゴルゴンゾーラグラタン

Ⅰ　じゃがいも4個、玉ねぎ1個は薄切りにする。

Ⅱ　フライパンに玉ねぎ、白ワイン1/2カップを入れて、ふたをして火にかけ、玉ねぎがすき通るまで蒸し煮にする。

Ⅲ　耐熱皿にⅠ、Ⅱを汁ごと、生クリーム1カップ、ゴルゴンゾーラ80g、ケイパー大さじ1を入れ、200℃のオーブンで20分焼く。230℃に上げ、5～6分焼いて焦げ目をつける。

1/18　牛肉のチャプチェ

（2～3人分）

Ⅰ　韓国春雨150gは熱湯でゆでる。牛カルビ肉150g、にんじん1/2本は7～8㎜幅の細切りにする。細ねぎ4本は5㎝長さに切る。

Ⅱ　フライパンにごま油小さじ2を熱し、牛肉、にんじんを入れ、牛肉の色が変わるまで炒める。おろしたにんにく、しょうが各1片分、酒大さじ2、しょうゆ大さじ1と1/2、みりん大さじ1を加えてひと煮立ちさせ、春雨を加え、汁けを吸わせるように炒める。細ねぎを加え、さっと炒め、白ごま、糸唐辛子をふる。

1/19 聖護院大根のぶり大根

Ⅰ ぶり切り身3切れ（300g）は半分に切り、塩少々をふり10分おいて、出てきた水けを拭く。聖護院大根1/2個は皮を厚めにむき、厚めのいちょう切りにする。ごぼう1本は6㎝長さに切り、縦半分に切って、さっと水にさらす。しょうが1片は皮つきのまま薄切りにする。

Ⅱ 鍋に大根とかぶるくらいの水を入れて火にかけ、煮立ったら弱火にし、3分煮て冷水にとり、ざるに上げる。

Ⅲ 鍋にごま油小さじ1を入れて火にかけ、ぶりの両面に軽く焼き目をつける。Ⅱ、酒、みりん各1/4カップ、出汁2カップ、ごぼう、しょうがを入れ、ひと煮立ちさせ、アクを取る。

Ⅳ 落としぶたをして弱火で10分煮て、しょうゆ大さじ2を加え、さらに10分煮る。器に盛り、粉山椒適量をふる。

1/20 マーラーカオ

（直径15㎝の丸型1台分）

Ⅰ 薄力粉120g、てんさい糖80g、塩ひとつまみ、ベーキングパウダー小さじ2は合わせてふるう。

Ⅱ ココナッツミルク大さじ2、ココナッツオイル大さじ4、卵3個をよく混ぜ、粉類に加えてゴムべらでなめらかになるまで手早く混ぜる。

Ⅲ 型にオーブンペーパーを敷き、生地を流し入れ、30分蒸す。

1/22 焼き餃子

（20個分）

Ⅰ キャベツ1/2玉、長ねぎ1/2本はみじん切りにする。ボウルにキャベツを入れ、塩小さじ1/3をふり、よくもむ。しんなりしてきたら、水けをぎゅっとしぼる。

Ⅱ 豚ひき肉200g、おろしたしょうが、にんにく各1片分、長ねぎ、しょうゆ大さじ2、酒大さじ1、ごま油小さじ1、塩小さじ1/3を加えてよく混ぜ、冷蔵庫で30分〜1時間おく。

Ⅲ 餃子の皮（大）を20枚準備し、中央に20等分したⅡをのせ、皮の上半分の縁に指で水をつけ、包む。

Ⅳ フライパンにごま油大さじ2を熱し、Ⅲを並べる。底面が焼けたらぬるま湯1/3カップを加え、ふたをして弱火にし、7分蒸し焼きにする。

Ⅴ ふたを開けて中火に戻し、水けを飛ばす。器に盛り、黒酢大さじ1と1/2、しょうゆ大さじ1、ラー油少々を混ぜたたれにつけて食べる。

1／23　フムスとクイックブレッド

フムス

Ⅰ　ひよこ豆100gはさっと洗い、かぶるくらいの水にひと晩つけて戻し、ざるに上げる。鍋に入れ、かぶるくらいの水、白ワイン1/4カップ、塩小さじ1/2を加え、火にかける。煮立ったら弱火にし、15分煮てざるに上げる。

Ⅱ　フライパンににんにく（みじん切り）1片分、クミンシード、オリーブオイル各大さじ1を入れて熱し、香りが立ったら、みじん切りにした玉ねぎ1/2個を加え、すき通るまで炒める。

Ⅲ　フードプロセッサーにⅠ、Ⅱ、ナンプラー、レモン汁各大さじ1、オリーブオイル大さじ2を入れ、なめらかになるまで攪拌する。

クイックブレッド（直径15cmを2枚分）

ボウルに全粒粉70g、薄力粉50g、てんさい糖小さじ2、塩ひとつまみ、オリーブオイル大さじ2を入れ、水70～90mlを少しずつ加えながら、手につかなくなるまでよく混ぜ、ラップで包み30分おく。半分にして直径15cmの丸型にのばし、オリーブオイル少々を入れたフライパンで弱めの中火で両面焼く。

ヨーグルトソース

プレーンヨーグルト大さじ4、おろしにんにく1/2片、塩小さじ1/4をよく混ぜ、オリーブオイル大さじ1を加える。

2／5　ハンバーグ

（2人分）

Ⅰ　玉ねぎ1/2個はみじん切りにし、パン粉大さじ4は赤ワイン大さじ3にひたす。

Ⅱ　ボウルに牛ひき肉400g、Ⅰ、卵1個、塩小さじ1/2、こしょう少々を入れ、粘りが出るまでよく混ぜ、俵型に形を整える。

Ⅲ　フライパンにオリーブオイル小さじ2を熱し、ハンバーグの両面に焼き目をつける。

Ⅳ　赤ワイン3/4カップ、バター30g、塩ひとつまみを加え、フライパンごと180℃のオーブンに入れ、12分焼く。

2／10　塩豚とじゃがいものスープ

（2～3人分）

Ⅰ　豚肩ロースかたまり肉400gは塩小さじ1をすり込んでラップで包み、冷蔵庫で1日～1週間保存する。

Ⅱ　干ししいたけ4枚はかぶるくらいの水にひと晩つけて戻し、石づきを取り、半分に切る。戻し汁はとっておく。じゃがいも（メークイン）小3個は半分に切る。玉ねぎ2個は繊維に沿って2cm幅に切る。

Ⅲ　鍋にごま油小さじ2を入れ火にかけ、Ⅰを入れて表面にしっかり焼き目をつける。玉ねぎを加え、さっと炒め、干ししいたけ、戻し汁、しょうが（皮付きのまま薄切り）

1片分、紹興酒80㎖、水3カップを加え、ひと煮立ちさせる。アクを取り、ふたをして弱火で50分煮て、しょうゆ小さじ2、じゃがいもを加え、さらに15分煮る。

2/21 グリンピースと塩豚の炊き込みごはん

(4人分)

Ⅰ 「塩豚とじゃがいもの煮物」(2/10参照)と同様に、350g分の塩豚を作る(塩は小さじ2/3を使用)。

Ⅱ グリンピース150g(正味)はさっとゆで、ゆで汁はとっておく。白米2合を水で洗い、ざるに上げる。

Ⅲ 塩豚を角切りにする。鍋にごま油大さじ1、せん切りしょうが2片分を入れ中火にかけ、塩豚を炒める。色が変わったら火を止め、白米、Ⅱのゆで汁2カップ(足りなければ水を足す)、酒大さじ1を加え、再び中火にかける。

Ⅳ 煮立ったらアクを取り、ふたをして弱火にして15分炊く。火を止め、ゆでたグリンピースを加えてふたをして、さらに15分蒸らす。ふたを開け、さっくり混ぜる。

2/25 あんかけ焼きそば

(2人分)

Ⅰ 豚ロース薄切り肉120gは細切りにし、片栗粉大さじ2をまぶす。

Ⅱ 長ねぎ10㎝は斜め薄切り、小松菜1/2把は食べやすい長さに切る。

Ⅲ フライパンにごま油大さじ1、せん切りしょうが1片分を熱し、Ⅰ、長ねぎを入れてしんなりするまで炒める。

Ⅳ 酒大さじ2、水3/4カップを加えてひと煮立ちさせ、アクを取り6分煮る。小松菜、しょうゆ大さじ1、塩小さじ1/2、ごま油小さじ2を加え、とろみがつくまで煮る。

Ⅴ 別のフライパンにごま油大さじ1を入れ、焼きそば麺2玉をほぐしながら加えて両面に焼き目がつくまで焼く。器に盛り、Ⅳをかけ、糸唐辛子適量を散らす。

2／27　唐揚げ

Ⅰ　鶏もも肉350〜400gは食べやすい大きさに切り、卵1個、しょうゆ、酒各大さじ1、酢少々、おろししょうが1片分をよくもみこんで30分以上おく。
Ⅱ　Ⅰに薄力粉適量をもみこみ、さらに片栗粉適量をまぶす。
Ⅲ　中温（170℃）に熱した揚げ油にⅡを入れ、きつね色に色づいたら高温（180℃）に上げ、しばらく揚げて取り出す。
Ⅳ　器に盛り、ベビーリーフ、半分に切ったミニトマトを添える。

3／1　豆カレー

（2〜3人分）
Ⅰ　レンズ豆100gは熱湯で12分ゆで、ざるに上げる。玉ねぎ1個、じゃがいも3個は1cm角に切る。
Ⅱ　鍋にオリーブオイル大さじ1、みじん切りにしたにんにく、しょうが各1片分を入れ、火にかける。香りが立ったらターメリック、クミンシード各小さじ2、コリアンダーパウダー小さじ1を加えて油がなじむまで炒め、Ⅰを加えて炒め合わせる。
Ⅲ　白ワイン1/4カップ、水1カップを加えてひと煮立ちさせ、アクを取る。ふたをして弱火で12分煮て、ナンプラー大さじ2、粗びき黒こしょう少々で味を調え、好みでガラムマサラ少々を加える。

イエローライス

インディカ米2合はさっと洗い、水けをきる。鍋に米、水1と3/4カップ、白ワイン1/4カップを入れ、ターメリック小さじ1を溶かす。黒粒こしょう、オリーブオイル各大さじ1、ローリエ1枚、塩小さじ1/3を加えて強火にかけ、煮立ったらふたをして弱火で12分炊き、火を止めて10分蒸らす。

3／3　はまぐりちらし寿司

Ⅰ　鍋に水2カップ、酒大さじ2、せん切りしょうが1片分を入れて火にかける。煮立ったらはまぐり6〜8個を加え、口が開くまで煮てアクを取る。
Ⅱ　はまぐりを取り出し、煮汁に水を足して2カップにして冷まし、洗った白米2合に加え、炊く。
Ⅲ　ごはんに赤酢大さじ4、塩小さじ1を加えて混ぜ、粗熱を取って器に盛る。
Ⅳ　卵2個分で作った錦糸玉子、はまぐり、かにのほぐし身80gをのせ、白ごまをふり、あれば穂じそ、桜の塩漬けを添える。

3/6 アイスボックスクッキー

Ⅰ ふるった薄力粉200gにアーモンドプードル150g、ココナッツオイル80mlを加え、手でこすりながらよく混ぜる。

Ⅱ 全体がなじんだら溶き卵1/2個分、牛乳大さじ1を加えてひとまとめにし、棒状にしてラップに包み、冷凍庫でひと晩冷やし固める。

Ⅲ 1cm厚さの輪切りにし、オーブンシートを敷いた天板に並べて、粗く刻んだローズマリー、岩塩各適量をのせ、180℃のオーブンで20分焼く。

3/11 新ごぼうとスペアリブの煮物

（2～3人分）

Ⅰ 新ごぼう2本は斜めに2cm幅に切り、さっと水にさらす。長ねぎ1本は斜め切りにする。

Ⅱ 鍋にごま油小さじ2、薄切りしょうが1片分を熱し、香りが立ったらスペアリブ6本（300g）を入れ、表面に焼き目をつける。ごぼう、長ねぎを加えてさっと炒め、水4カップ、酒1/4カップ、みりん大さじ2を加え、ひと煮立ちさせアクを取る。

Ⅲ ふたをして30分煮て、ナンプラー大さじ1を加え、さらに30分煮る。

3/12 帆立とマッシュルームのドリア

（3～4人分）

Ⅰ 帆立8個、マッシュルーム5個は縦半分に切る。長ねぎ1/2本は斜め薄切りにする。

Ⅱ フライパンにオリーブオイル小さじ2を熱し、Ⅰを入れて焼き目をつける。

Ⅲ 白ワイン1/4カップを加え、ふたをして10分、弱火で蒸し焼きにする。塩小さじ1/4、こしょう少々を加え、ホワイトソース3/4カップと炊いたごはん茶碗2杯分を加えてさっと混ぜる。

Ⅳ Ⅲを耐熱皿に入れ、さらにホワイトソース3/4カップをかけ、けずったグリュイエールチーズ40gをかける。200℃のオーブンで10分焼く。

3/16 たけのこごはん

Ⅰ 白米1合半、もち米半合を水で洗い水けをきり、しばらく吸水させたあと鍋に入れる。

Ⅱ 出汁2カップ、酒大さじ1、塩小さじ2/3、薄く切ったゆでたけのこ300g、せん切りしょうが1片分を入れ、火にかける。沸騰したらふたをして弱火にして15分炊き、火を止めて10分蒸らす。木の芽をたっぷり散らす。

3/22　筑前煮

（2〜3人分）

Ⅰ　干ししいたけ4枚は水3/4カップに1時間以上つけて戻し、石づきを取り、4等分に切る。戻し汁はとっておく。

Ⅱ　れんこん1節（200g）、ごぼう1本は乱切りし水に5分さらす。にんじん1本は乱切りにする。たけのこ水煮200gは乱切りにする。こんにゃく100gは2㎝角に切る。

Ⅲ　鍋にごま油小さじ2を熱し、Ⅱを入れて油がまわるまで炒める。

Ⅳ　干ししいたけと戻し汁、出汁1/2カップ、酒大さじ2、みりん大さじ1を加えひと煮立ちさせ、アクを取り、落としぶたをして弱火で10分煮る。

Ⅴ　しょうゆ大さじ1、塩小さじ1/3を加え、さらに5分煮る。食べやすく切った「わらびの水煮」（3/21参照）80gを加え、さっとなじませる。

3/23　空豆と黒豆のおこわ

Ⅰ　黒豆2/3カップはひと晩水につけ、戻す。もち米2合は水で洗い水けをきり、1〜2時間吸水させる。

Ⅱ　蒸籠または蒸し器にキッチンペーパーまたはさらしを敷き、もち米と黒豆を入れ、途中さし水をしながら強火で40分蒸す。

Ⅲ　蒸籠をおろし、皮をむいた空豆5〜6本分をのせて塩少々をふり、再び火にかけ、3〜4分蒸す。鍋からおろし、10分蒸らす。

3/28　キャベツの春巻き

（5本分）

Ⅰ　キャベツ400gはせん切りにし、塩小さじ1/2をふってもみ、水けをしっかり絞る。バジルの葉適量はせん切りにし、キャベツと混ぜる。

Ⅱ　春巻きの皮5枚を用意し、Ⅰを5等分して巻き、水で溶いた薄力粉で留める。

Ⅲ　揚げ油を中温（170℃）に熱し、春巻きを入れ、きつね色になるまでじっくり揚げる。

4/10 ババロア

Ⅰ 粉ゼラチン7gは大さじ2の水でふやかす。

Ⅱ 卵2個、卵黄1個、牛乳1カップ、てんさい糖（またはグラニュー糖）60gをよく混ぜ、こしながら鍋に入れる。火にかけ、端がふつふつとしてきたら火を止め、ゼラチンを加えてよく溶かす。鍋底に氷水をあて冷やしながら、粗熱が取れるまで混ぜながら冷ます。

Ⅲ 生クリーム1カップを8分立てにして加え、バットに流し入れ、冷蔵庫で2時間冷やす。細切りにしたレモン皮適量を散らす。

4/22 新しょうがと新ごぼうのかき揚げ

Ⅰ 新しょうが、新ごぼうはせん切り、三つ葉はざく切りにして、薄力粉をまぶす。

Ⅱ ボウルに薄力粉と冷水を入れ、薄くつくくらいのゆるい衣にする。

Ⅲ ⅠをⅡに入れお玉でまとめ、中温（170℃）に熱した揚げ油に入れる。具が広がったら菜箸でつまんでまとめ、そのまま2分揚げる。器に盛り、塩をふる。

4/26 きゃらぶき

Ⅰ 野ぶき20本は塩をふって板ずりし、食べやすい大きさに切り、重曹を加えた熱湯で5分ゆでてざるに上げ、水でよく洗う。

Ⅱ 鍋にⅠを入れ、酒、みりん各1/4カップ、昆布5cm角1枚、重曹小さじ1/3、かぶるくらいの水を入れ、弱火で30分煮る。しょうゆ大さじ2を加え、さらに汁けがなくなるまで弱火で煮る。保存容器に入れ、冷蔵庫で2週間保存可能。

5/4 稲荷寿司

（12個分）

Ⅰ 油揚げ6枚は両面の上を麺棒で転がし、半分に切って袋状にする。熱湯で3分ゆで、油抜きをする。

Ⅱ 小鍋に出汁1カップ、酒、しょうゆ各大さじ2、みりん大さじ3、塩ひとつまみを入れ、Ⅰを入れて落としぶたをして15分煮てそのまま冷ます。

Ⅲ ごはん1.5合に赤酢20㎖、塩小さじ1/3、白ごま適量を加えて混ぜ、12等分して油揚げに詰める。

5/7 豆あじの南蛮漬け

（3〜4人分）

Ⅰ 新玉ねぎ1/2個は薄切り、新にんじん1/2本はせん切りにし、それぞれ水にさっとさらす。

Ⅱ 小鍋に出汁120㎖、酒大さじ2、しょうゆ、黒酢各大さじ1、塩小さじ1/3、赤唐辛子（小口切り、種を取る）1/2本を入れて中火にかけてひと煮立ちさせ、バットに入れてⅠを加える。

Ⅲ 豆あじ10〜12尾は内臓、えらを取り、大きいものはぜいごを取り、洗い水けを拭き、薄力粉を薄くまぶす。

Ⅳ 170℃の揚げ油にⅢを入れ、全体が色づいたら180℃に上げ、カラッと揚げて熱いうちにⅡに漬け、粗く刻んだ三つ葉1/2把、白ごまを加える。

5/13 豆腐のパンケーキ

（直径12㎝のパンケーキ5〜6枚分）

Ⅰ ふるった薄力粉100g、ベーキングパウダー、ベーキングソーダ各小さじ1/2にてんさい糖大さじ3を加え、混ぜる。絹ごし豆腐100g、卵1個、菜種油大さじ1を加え、泡立て器でなめらかになるまで混ぜる。

Ⅱ フライパンを中火で熱し、一度火から外し、ぬれたふきんに10秒おいて熱を均一にする。

Ⅲ 再び弱火にかけ、バター小さじ2を入れる。バターが溶けたらⅠをお玉1杯ずつ流し入れ、表面がふつふつしてきたら裏返し、2分焼く。

5/19 酸辣春雨

（2人分）

Ⅰ 春雨60gは熱湯につけ、戻す。

Ⅱ 鍋にごま油小さじ2を入れ中火にかけ、にんにく、しょうが（みじん切り）各1片分、豆板醤小さじ2/3を入れ、香りが立つまで炒める。豚ひき肉150g、斜め薄切りにした長ねぎ1/3本分、せん切りにしたにんじん1/3個分、薄切りにしたしいたけ1個分を加え、肉の色が変わるまで炒める。

Ⅲ 黒酢大さじ1、酒1/4カップ、水2カップを加えてひと煮立ちさせアクを取り、弱火で5分煮て、Ⅰを加えて5分煮る。

Ⅳ しょうゆ大さじ1、塩小さじ1/4で味を調え、溶き卵を加えて半熟になるまで火を通す。器に盛り、ざく切りの香菜適量をのせ、白ごまをふる。

5/29　鶏肉のソテーにんにくの芽がけ

（2〜3人分）

Ⅰ　にんにくの芽2〜3本は小口切りにする。

Ⅱ　常温に戻した鶏もも肉1枚（350g）は皮目のほうに薄力粉を薄くはたき、ごま油小さじ2を中火で熱したフライパンに皮のほうを下にして入れ、焼く。パリパリになったら裏返し、弱火にして8分焼く。

Ⅲ　Ⅰ、包丁でたたいた梅干しの果肉1個分、みりん、酒、しょうゆ各小さじ2を加え、からめる。

6/19　梅ジャム

Ⅰ　黄梅1kgはなり口を取りのぞく。沸騰した湯に梅を入れ、ひと煮立ちしたら弱火にして5分ゆで、ざるに上げる。

Ⅱ　鍋に戻し入れ、グラニュー糖250gを加えてなじませる。弱めの中火にかけ、梅の水けが出るまで木べラで混ぜる。ふつふつとしたらアクを取り、さらにグラニュー糖250gを加え、ときどき混ぜながら12〜15分煮る。ゆるいくらいの濃度で火を止める。

Ⅲ　熱いうちに粗めのざるでこし（種のまわりの身もこそげ落とす）、保存容器に入れる。冷蔵庫で3か月間保存可能。

7/10　しば漬け

Ⅰ　きゅうり2本は塩大さじ1/2をもみ込み、ラップに包んで冷蔵庫で2週間おき（ときどき水けを拭く）、水けを絞って輪切りにする。

Ⅱ　なす1〜2本は厚さ7〜8㎜のななめ切りにする。新しょうが100gは薄切り、みょうが1本はせん切りにする。なす、新しょうが、みょうがに塩小さじ1/2をふり、出てきた水をぎゅっと絞る。

Ⅲ　保存容器に野菜類を入れ、赤梅酢80㎖を注ぎ、2日ほどおく。冷蔵庫で2週間保存可能。

7/13　大豆の冷たいスープ

（2人分）

Ⅰ　乾燥大豆100gは水にひと晩つけて戻し、やわらかくなるまでゆでる。ざるに上げ、ゆで汁はとっておく。

Ⅱ　出汁1カップ、Ⅰのゆで汁大さじ1を加え、ミキサーで攪拌し、ナンプラー、黒酢各小さじ2を加えて混ぜる。

Ⅲ　器に注ぎ、塩もみした薄切り大根、薄切りにしたすだち、せん切りにしたしょうが、氷各適量をのせ、一味唐辛子をふる。

7／19 ドライカレー

（2〜3人分）

Ⅰ 玉ねぎ1/2個、セロリ1/2本はみじん切りにする。

Ⅱ 鍋にオリーブオイル小さじ2を入れ中火にかけ、Ⅰを入れてすき通るまで炒める。

Ⅲ おろしにんにく、おろししょうが各1片分、カレー粉小さじ1と1/2を加えてからめ、合いびき肉250gを加え、肉の色が変わるまで炒める。

Ⅳ 白ワイン1/4カップ、ローリエ1枚、ウスターソース大さじ2、しょうゆ大さじ1、シナモンスティック1本、クミンパウダー、コリアンダーパウダー、ターメリック、カルダモンパウダー（あれば）各小さじ1を加えて木ベラで混ぜながらひと煮立ちさせ、ふたをして弱火で5分煮る。

Ⅴ なす2本は乱切りにし、別のフライパンで多めのオリーブオイル（分量外）でしんなりするまで炒め、Ⅳに加えてなじませる。

7／20 きゅうりのライタ

（2人分）

Ⅰ 赤玉ねぎ1/2個はみじん切りにし、水にさらし水けをきる。きゅうり1本はスプーンで種をこそげ取り、さいの目切りにして塩小さじ1/4をまぶし、しんなりさせたあと水けをきる。にんにく1/2片はみじん切りにする。

Ⅱ プレーンヨーグルト大さじ3、塩小さじ1/3、オリーブオイル大さじ1をよく混ぜ、Ⅰとあえる。器に盛り、クミンパウダー少々をふる。

7／25 いんげんのサブジ

Ⅰ さやいんげん20本は、縦半分に切り、薄切りにしたにんにく1片分と一緒にオリーブオイルでしんなりするまで炒め、クミンシード、酢、ナンプラー各大さじ1、カレーパウダー小さじ1/2、白ワイン1/4カップを加え、弱火で10分煮る。薄切りにした赤玉ねぎ1/2個分を加え、5分煮る。

7／30 冷や汁

（3〜4人分）

Ⅰ きゅうり1本は2㎜厚さの輪切りにし、塩少々をふってしんなりするまでもみ、水けをぎゅっと絞る。なす2本は乱切りにし、色づくまで素揚げをする。みょうが2本は小口切りにする。

Ⅱ フライパンを弱火にかけ、あじの開き2枚を平らに広げ、両面に軽く焼き目をつける。骨と皮を取り除いてほぐす。

Ⅲ すり鉢にⅡを入れ、味噌大さじ1、白練りごま大さじ4、

Ⅳ　白炒りごま大さじ2を加えて軽くすり、出汁3カップを少しずつ加えて溶き混ぜる。
Ⅰ、スプーンでひと口大にすくった絹ごし豆腐1丁を加え、氷を浮かべ、白ごまをふる。

8／12　水餃子

（約15個分）

Ⅰ　生地を作る。ボウルに薄力粉30g、強力粉130gを入れ、ぬるま湯100〜120㎖を少しずつ加えながら手早く混ぜる。水けが少ないようだったら大さじ1ほど足し、ボウルに生地がつかない程度の固さにひとまとめにする。

Ⅱ　打ち粉をした台にⅠをのせ、全体につやが出てしっとりなじむまでよくこねる。ラップで包み、30分おく。

Ⅲ　30㎝くらいの棒状にのばし、2㎝幅に切り、丸くつぶす。生地を回転させながら、麺棒で直径10㎝ほどの円形にのばす（中央を厚めにしてのばすとよい）。

Ⅳ　あんを作る。セロリ1本はみじん切りにし、塩小さじ1/3を加えてもみ、出た水けをぎゅっと絞る。

Ⅴ　豚ひき肉100gに、おろししょうが1と1/2片分、みじん切りにした香菜7本、Ⅳ、紹興酒大さじ1/2、しょうゆ、ごま油各小さじ1を加えて粘りが出るまでよく混ぜる。15等分し、Ⅲの皮で包む。

Ⅵ　ごま油少々をたらした熱湯に入れ、差し水をしながら7分ゆでる。

8／15　牛肉のプラム煮

（2〜3人分）

Ⅰ　牛すねかたまり肉400gに塩小さじ1をすり込む。玉ねぎ1個は6等分のくし形切り、プラム3個は半分に切る。にんにく1片は軽くつぶす。

Ⅱ　鍋にオリーブオイル適量を中火にかけ、牛肉の表面を焼きつける。玉ねぎ、プラム、にんにく、ローリエ1枚、赤ワイン2カップを加え、弱火にして1時間煮る。塩、こしょうで味を調える。

8／23　ジャージャー麺

（2人分）

Ⅰ　豚肩ロースかたまり肉200g、たけのこ水煮120g、玉ねぎ1/2個は1㎝角に切る。

Ⅱ　フライパンにごま油小さじ2、しょうがみじん切り1片を入れて中火にかけ、香りが立ったらⅠを入れ、豚肉が白っぽくなるまで炒める。

Ⅲ　甜麺醤、紹興酒各大さじ2、しょうゆ大さじ1、塩小さじ1/4を加え、汁けがなくなるまで炒める。

Ⅳ　中華平打ち麺2玉をゆでて器に盛り、Ⅲをのせ、ざく切りにした香菜、もやし各適量をのせる。

8／24　豆花

Ⅰ　ピーナッツ80ｇはかぶるくらいの水にひと晩つけてざるに上げ、鍋に入れる。たっぷりの水を加えて、中火にかける。煮立ったら弱火で、やわらかくなるまで20分ゆでる。

Ⅱ　粉ゼラチン５ｇは水大さじ２を加えてふやかしておく。

Ⅲ　鍋に豆乳１と1/2カップを入れ、表面に小さな泡が出てきたら火を止め、Ⅱを加えて溶かす。鍋底に氷水をあて、粗熱が取れるまで混ぜ、容器に入れて冷蔵庫で２時間冷やす。

Ⅳ　小鍋に薄切りにしたしょうが１片分、砂糖80ｇ、水２カップを入れて中火にかけ、煮立ったらアクを取り、弱火にして15分煮て、粗熱が取れたら冷蔵庫で冷やす。

Ⅴ　Ⅲをスプーンですくって器に盛り、Ⅰをのせ、Ⅳを注ぐ。

8／27　きゅうりのラー油あえ

きゅうり適量は皮をむき、１cm厚さの輪切りにして器に並べ、自家製ラー油、白ごまをかける。

自家製ラー油

Ⅰ　長ねぎ70ｇ、にんにく、しょうが各１片はみじん切りにする。

Ⅱ　鍋にⅠ、白ごま大さじ２、粗びき赤唐辛子小さじ２、八角１個、シナモンスティック１本、ナンプラー大さじ１、酒、みりん各1/4カップを入れて中火にかける。煮立ったら弱火にしてアクを取り、ごま油1/2カップを加えて12分煮る。火を止め、しょうゆ小さじ１を加える。冷蔵庫で１か月間保存可能。

8／31　パッタイ

（２人分）

Ⅰ　干しえび20ｇはぬるま湯６㎖に20分つけて戻し、粗く刻む。戻し汁はとっておく。

Ⅱ　えび８尾は尾を残して殻と背わたを取り、片栗粉適量をまぶして流水で洗い、水けを拭く。

Ⅲ　厚揚げ1/2枚は1.5cm角に切り、たくあん50ｇは粗みじん切りにする。

Ⅳ　フライパンにごま油大さじ1/2を入れて中火にかけ、溶き卵３個分を入れてかき混ぜながら半熟に固まったら一度バットに取り出す。

Ⅴ　熱湯でセンレック（米麺／２または４㎜）１５０ｇをゆで、ざるに上げる。

Ⅵ　Ⅳのフライパンにごま油大さじ1/2、Ⅰを戻し汁ごと、Ⅲを入れてさっと炒め、Ⅴを加えてほぐし炒める。

Ⅶ　酒、ナンプラー各大さじ２、Ⅱを加えてふたをして４分蒸し炒めする。Ⅵ、もやし1/2袋、３cm長さに切ったにら1/2束、ざく切りにした香菜適量を加えてさっと炒め、白ごま少々をふる。

9／16 コロッケ

（3個分）

Ⅰ じゃがいも3個は25〜30分蒸し、熱いうちに皮をむき、ボウルに入れて、フォークで粗めにつぶす。

Ⅱ フライパンにオリーブオイル小さじ2を入れ中火にかけ、みじん切りの玉ねぎ1/2個、牛ひき肉80gを入れて肉の色が変わるまで炒め、塩小さじ1/2、黒こしょう少々を加え、じゃがいもに加え混ぜ、粗熱を取る。

Ⅲ Ⅱを3等分して円盤状に丸め、薄力粉、溶き卵、パン粉を順につけ、中温（170℃）に熱した揚げ湯で揚げる。軽く色づいたら高温（180℃）に上げ、きつね色になるまで揚げる。

9／23 おはぎ

（10個分）

Ⅰ もち米150gは3〜4回水で洗い水けをきり、水410㎖、塩ひとつまみを加え、2時間吸水させる。炊飯器の「おこわモード」で炊く。10分蒸らし、水1/2カップと砂糖大さじ1を混ぜたものをすりこぎにつけながら、半つき（少し米の粒が残る程度）にして、10等分にする。

Ⅱ 小豆あん200gは10等分に分ける。

Ⅲ 手のひらにⅡを広げ、中央にⅠをのせ、包み込むようにしてかたちを整える。

10／4 栗の炊き込みごはん

Ⅰ 大きめの栗15粒は数時間水につけ、皮をむき、半分に切る。白米2合、もち米大さじ2は水で洗い、ざるに上げる。

Ⅱ 鍋に米類、栗、出汁2カップ、しょうゆ、酒各大さじ1を入れふたをし、強火にかける。煮立ったら弱火にして15分炊き、火を止め15分蒸らす。

10／5　栗の渋皮煮

Ⅰ　栗1kgはひと晩水につけ、渋皮を傷つけないように鬼皮をむき、水にさらす。

Ⅱ　鍋に栗、かぶるくらいの水、重曹小さじ2を入れて中火にかける。煮立ったら弱火にし、30分煮て冷水にさらす。ざるに上げ、鍋に入れてかぶるくらいの水を加え、弱火で15分煮て、水にさらす。この作業をもう一度くり返す。

Ⅲ　竹串で渋皮の繊維をきれいに取りのぞき、さっと洗って鍋に入れる。てんさい糖250gとかぶるくらいの水を加えて中火にかけ、煮立ったら弱火にし、さらにてんさい糖250g、キッチンペーパーをかぶせて30分煮る。ラム酒80㎖を加え、そのまま冷ます。

10／6　牛すじカレー

（4人分）

Ⅰ　鍋に熱湯をわかし、酒大さじ2、牛すじ肉500gを入れる。中火で12分ゆで、ざるに上げ、流水でよごれを取り、食べやすく切って、水けを拭く。

Ⅱ　玉ねぎ1個とパプリカ（赤・黄）各1個は2cm角に切り、にんじん1本は乱切りにする。れんこん200g、ごぼう1本はそれぞれ乱切りにし、水にさらす。こんにゃく1/2枚はさっとゆで、スプーンで食べやすくちぎる。

Ⅲ　鍋にオリーブオイル小さじ2、しょうが、にんにく（せん切り）各1片分を熱し、香りが立ったらⅡを入れ、油がなじむまで炒める。トマトホール缶1缶、赤ワイン1/2カップをくずしながら加え、アクを取りながらひと煮立ちさせる。ふたをして弱火で50分煮る。

Ⅳ　カレールー30g、カレー粉小さじ1/2、ウスターソース、しょうゆ各大さじ1を加え、さらに10分煮る。

10／12　麻婆高野豆腐

（2人分）

Ⅰ　高野豆腐2個は50℃の湯に5分つけて戻し、水けを絞り、1.5cm角に切る。

Ⅱ　長ねぎ10cmは斜め薄切りにする。

Ⅲ　フライパンを中火にかけ、ごま油小さじ1、しょうが（みじん切り）1/2片分、豆板醤小さじ2/3を入れて香りが立つまで炒める。

Ⅳ　豚ひき肉80g、長ねぎ、Ⅰを加えて炒め、肉の色が変わったら酒大さじ1、水1と1/4カップを加え、ひと煮立ちさせる。アクを取り、しょうゆ小さじ2を加え、ふたをして弱火で5分煮る。

Ⅴ　片栗粉小さじ2、水大さじ1を合わせて加え、とろみをつけ、ごま油小さじ1を加える。

10／13 ビーツのポタージュ

（2人分）

Ⅰ ビーツ400g、玉ねぎ1/2個、じゃがいも1個はそれぞれ皮をむき、2cm角に切り、鍋に入れる。白ワイン1/2カップ、水2カップを加え、アクを取りながらやわらかくなるまで煮る。

Ⅱ ミキサーで攪拌し、牛乳1/2カップ、塩小さじ2/3を加え、沸騰直前まで温める。器に盛り、オリーブオイルをまわしかけ、こしょうをふる。

10／16 ささげのお赤飯

Ⅰ ささげ50〜60gはさっと洗い、鍋に入れてたっぷりの水を加え、中火にかける。煮立つ前にざるに上げ、水にさらし、ざるに上げる。

Ⅱ 鍋に戻し、水3カップを加え、中火にかける。煮立ったら弱火で25〜30分煮る。指でつまんでつぶれるくらいのやわらかさになったら、ささげとゆで汁に分け、ゆで汁は冷ます。

Ⅲ もち米1合は水で洗い水けをきり、Ⅱのゆで汁に3時間つけてざるに上げる。白米1合は水で洗い、30分吸水させたあとざるに上げる。

Ⅳ 蒸籠または蒸し器にさらしを敷き、米類をのせて塩小さじ1をふり、20分蒸す。ささげをのせ、水大さじ1をふりかけて、さらに15分蒸す。

10／18 さつまいもの炊き込みごはん

Ⅰ 白米2合、もち米大さじ2は洗ってざるに上げる。さつまいも400gは2cm角に切り、水にさらして水けをきる。

Ⅱ 鍋に米類、さつまいも、せん切りにしたしょうが1〜2片分、出汁2カップ、酒大さじ1、薄口しょうゆ小さじ2を入れてふたをし、強火にかけ、煮立ったら弱火で15分炊き、火を止め15分蒸らす。

Ⅲ 器に盛り、すだちをしぼる。

10／20　レバーペースト

Ⅰ　鶏レバー200gは牛乳1カップに10分ひたしてもみ洗いし、流水で洗い水けをしっかり拭く。玉ねぎ1/2個は1㎝角に切る。

Ⅱ　鍋にオリーブオイル大さじ3、つぶしたにんにく1片を入れて中火で熱し、香りが立ったら玉ねぎを加え、すき通るまで炒める。レバー、ブランデーまたは赤ワイン3/4カップ、タイム3本を加えてひと煮立ちさせ、汁けがなくなるまで弱火で炒め煮する。

Ⅲ　タイムを取り出してフードプロセッサーに入れ、バター60gを加え、ペースト状になるまで攪拌する。生クリーム1/2カップも少しずつ加え、さらに攪拌する。

Ⅳ　温かいうちに保存容器に入れ、オリーブオイル適量を注ぎ、タイムをのせる。冷蔵庫で1週間保存可能。

10／26　ファーブルトン

（直径15㎝の丸型1台分）

Ⅰ　薄力粉60gはふるう。型にオーブンシートを敷く。ドライプルーン8個にラム酒（またはレモン汁か牛乳）大さじ1～2をふり、ひたしておく。

Ⅱ　小鍋に生クリーム1カップ、牛乳1/2カップ、ココナッツオイル大さじ1と1/2を入れて弱めの中火にかけ、温めておく。

Ⅲ　ボウルに薄力粉、てんさい糖60gを入れて混ぜ、溶き卵3個分を加え、泡立て器で混ぜる。Ⅱを少しずつ加えてなめらかになるまで混ぜ、プルーンのラム酒を加え、型に流し入れる。

Ⅳ　プルーンを全体に散らし、表面の気泡を取る。200℃のオーブンで15分、170℃に下げ30～35分焼く。型に入れたまま粗熱が取れるまで冷ます。

10／29　芝えびの玉子焼き

Ⅰ　芝えび400gは殻をむきしっぽを取って、出汁1/4カップ、みりん大さじ2、塩小さじ1/3とミキサーで攪拌する。

Ⅱ　卵4つを割りほぐして加え混ぜ、太白ごま油を熱した玉子焼き器に流し入れる。まわりに焼き目がつき、固まったら弱火にして10分焼き、上下を返し、さらに7～8分焼く。

Ⅲ　食べやすい大きさに切って器に盛り、すだちをしぼる。

11／2　さばの豆豉炒め

（2～3人分）

Ⅰ　さば1尾は3枚におろし、骨を除いた部分をさらに3等分に切り、塩少々をふり10分おく。出てきた水けを

Ⅱ　キッチンペーパーで拭く。
フライパンにせん切りしたしょうが、にんにく各1片分とごま油小さじ2を入れ中火にかけ、薄力粉をはたいたさばを入れ、両面に焼き目をつけるように焼く。細かく刻んだ豆豉大さじ1、紹興酒大さじ3、黒酢小さじ1を加え、からめる。

Ⅲ　器に盛り、ざく切りにした香菜適量を散らし、粗びき赤唐辛子少々をふる。

11／5　焼売

（20個分）

Ⅰ　帆立貝柱3個は軽くほぐしてひたひたの水にひと晩つけて戻し、戻し汁はとっておく。干しえび8個はぬるま湯大さじ1と1/2に15分つけて戻し、みじん切りにする。戻し汁はとっておく。長ねぎ1/2本はみじん切りにする。

Ⅱ　豚ひき肉200gにⅠ、戻し汁、しょうが絞り汁1片分、紹興酒小さじ2、しょうゆ小さじ1を加えて粘りが出るまでよく混ぜ、ごま油小さじ1/2を加えてさらによくなじませる。

Ⅲ　Ⅱを20等分し、焼売の皮20枚で包み、10分蒸す。

11／7　台湾風高菜ごはん

（2人分）

Ⅰ　たけのこ水煮100gは1㎝角に切り、高菜漬け80gは粗く刻む。

Ⅱ　フライパンにごま油小さじ2、しょうがみじん切り1片分を入れて中火にかけ、豚ひき肉120gを炒める。肉の色が変わったらたけのこ、高菜漬けを加え、炒め合わせる。紹興酒（または酒）大さじ2、黒酢大さじ1、しょうゆ小さじ1を加え、汁けがなくなるまで炒める。

Ⅲ　器にごはん茶碗2杯分を盛り、そぼろをのせ、粗びき赤唐辛子少々をふる。

11/20 コーンブレッド

（18×7×高さ6.5cmのパウンド型1台分）

Ⅰ ボウルにコーンミール120g、熱湯1/4カップを入れ、粉っぽさがなくなるまでよく混ぜる。

Ⅱ 別のボウルに卵2個を割りほぐし、てんさい糖大さじ1を加えて白っぽくなるまでよく混ぜる。牛乳80㎖、オリーブオイル大さじ2を加え、よく混ぜ、Ⅰに加えてゴムベラでさらに混ぜる。

Ⅲ 薄力粉50g、ベーキングパウダー小さじ2をふるい入れ、粉っぽさがなくなるまで手早く混ぜる。

Ⅳ オーブンペーパーを敷いた型にⅢを流し入れ、220℃のオーブンで25分焼く。

11/27 せりとはたはたの鍋

（4人分）

Ⅰ はたはた4尾はえら部分などをよく洗い、塩少々をふる。出てきた水けをキッチンペーパーで拭く。大根1/2本、ごぼう1本はそれぞれピーラーで長めにそぎ、ごぼうは水にさらす。せり1束は根をよく洗い、ざく切りにする。

Ⅱ 鍋に出汁2カップ、酒1/2カップ、大根、ごぼうを入れ、中火にかける。煮立ったらアクを取り、5分煮る。はたはたを加え、煮立ったらアクを取り、しょうゆ大さじ1、塩小さじ1/2を加え、弱火にして5分煮る。

Ⅲ せりを加え、輪切りにしたすだち1個分をのせる。

12/9 鶏肉とカシューナッツの唐辛子炒め

（2人分）

Ⅰ 鶏もも肉1枚（350g）は食べやすい大きさに切り、長ねぎ1本は1cm幅の小口切りに、にんにく1片は薄切り、唐辛子（大）2本は種を取り、1cm幅に切り、水に5分さらし水けを拭く。

Ⅱ フライパンにごま油大さじ1、にんにくを熱し、鶏肉を炒める。焼き目がついたらカシューナッツ60g、長ねぎを入れ、炒める。火が通ったら紹興酒大さじ1、唐辛子を加え、塩で味を調える。

12/24 ラム肉のロースト

Ⅰ ラムロック1.2kgは塩小さじ1と1/2をすりこみ、タイム適量、赤ワイン1カップとともに、半日以上漬け込む。

Ⅱ フライパンにオリーブオイル適量を熱し、ラム肉の表面に焼き目をつける。漬け汁はとっておく。オーブンペーパーを敷いた天板にのせ、200℃のオーブンで25～30分焼く。途中、トレビス、チコリー、ミニアスパラガスなども横に添え、一緒に焼く。

Ⅲ　漬け込んでいた赤ワインはフライパンに入れ、しょうゆ少々を加えて煮詰め、ソースにする。食べやすい大きさに切って野菜と器に盛り、ソースをまわしかける。

12／28　えびいもの白味噌仕立て

（2〜3人分）

Ⅰ　皮をむいたえびいも400g、出汁2と1/2カップと、酒大さじ1を鍋に入れて中火にかけ、煮立ったら弱火にしてアクを取りながらやわらかくなるまで煮る。

Ⅱ　白味噌大さじ3、酒粕大さじ1と1/2、しょうゆ小さじ1、塩小さじ1/4を加え、最後に水大さじ1と1/2で溶いた葛粉を入れとろみをつける。

Ⅲ　器に盛り、松葉型に切った柚子皮をのせる。

12／30　松前漬け

Ⅰ　「数の子のしょうゆ漬け」（12／29参照）20gは2㎝幅にほぐす。にんじん1/2本はせん切りに、するめいか20gはハサミで細長く切る。

Ⅱ　小鍋に黒酢、しょうゆ、みりん各大さじ2を入れて中火にかけ、ひと煮立ちしたら熱いうちにボウルに入れたⅠにまわしかける。

Ⅲ　がごめ昆布15gをほぐしながら加え、なじませる。するめいかがやわらかくなるまで冷蔵庫でひと晩おく。

12／31　ビーフシチュー

（4人分）

Ⅰ　玉ねぎ1個は8等分のくし形切りに、にんじん1本は縦半分に切り、長さを4等分に切る。牛すね肉500gに塩小さじ1をすり込み保存袋に入れ、玉ねぎ、にんじん、にんにく（つぶす）1片、ローリエ3枚、赤ワイン1カップを加えてなじませ、冷蔵庫でひと晩おく。

Ⅱ　鍋にオリーブオイル小さじ2を入れて中火にかけ、汁けをきった牛肉を入れ、表面に焼き目をつける。野菜類を加えてさっと炒め、漬け汁、つぶしたトマトホール缶1缶、水3/4カップを加え、アクを取りながらひと煮立ちさせる。

Ⅲ　ふたをして弱火で40分煮る。半分に切ったじゃがいも3個分、ウスターソース大さじ2、塩、こしょう各適量で味を調え、さらに20分煮る。

素材別索引

[あ]
アーモンドプードル
アイスボックスクッキー――3／6
合いびき肉
ドライカレー――7／19
あおさ
しらすスープ――4／29
青じそ
たちうおのしょうが蒸し――8／26
青唐辛子
柚子こしょう――8／6
青パパイヤ
青いパパイヤのサラダ――8／11
青柚子
柚子こしょう――8／6
赤かぶ
赤かぶのあえ物――12／27
そばの実のサラダ――9／24
赤じそ
赤じそシャーベット――8／1
赤じそシロップ――7／2
赤玉ねぎ
赤玉ねぎのピクルス――4／14
赤玉ねぎのロースト――10／17
いんげんのサブジ――7／25
きゅうりのライタ――7／20
さばの香菜あえ――4／11
マカロニサラダ――3／5
蒸しかぼちゃのサラダ――2／7
ローストポークの梅ジャム添え――6／20
赤ピーマン
赤ピーマンのオイル蒸し――9／1
あさつき
あさつきのマリネ――2／12
あじ
あじのなめろう――6／14
あじの干物――5／14
あじフライ――7／16
冷や汁――7／30
豆あじの南蛮漬け――5／7
小豆
小豆煮――11／10
小豆あん
おはぎ――9／23
アスパラガス
アスパラの肉巻き――6／16
油揚げ
稲荷寿司――5／4
おからの煮物――4／20
粕汁――2／8
薬味たっぷり素麺――7／21
アボカド
アボカドトースト――4／18
あゆ
あゆの塩焼き――6／4
稚あゆの山椒煮――5／20
杏
杏ジャム――7／24
アンチョビ
山椒のポテトサラダ――10／9
菜花のアンチョビ焼き――4／2
安納いも
安納いものスープ――11／30
安納いもの蒸し焼き――10／23
いか
いかの蝦麺――8／5
いちじく
いちじくのサラダ――7／6
いりこ
しらすスープ――4／29
新玉ねぎのお味噌汁――4／28
冬瓜の煮びたし――7／3
薬味たっぷり素麺――7／21

うど
うどとグレープフルーツのマリネ ― 4／5
うどとみょうがの梅酢あえ ― 4／4
うなぎ
うなぎちらし ― 7／7
梅
梅ジャム ― 6／19
梅シロップ ― 6／18
ローストポークの梅ジャム添え ― 6／20
梅干し
しいたけ梅干しスープ ― 1／7
鶏肉のソテー にんにくの芽がけ ― 5／29
うるい
うるいと日向夏のサラダ ― 2／19
えのきだけ
なめたけ ― 10／19
えび
パッタイ ― 8／31
えびいも
えびいもの白味噌仕立て ― 12／28
蝦麺
いかの蝦麺 ― 8／5
もやしの蝦麺 ― 11／11
おかひじき
おかひじきと豚肉のナンプラーあえ ― 5／25
おかひじきの梅酢あえ ― 6／28
おから
おからの煮物 ― 4／20
オクラ
オクラの煮びたし ― 5／10
たちうおのしょうが蒸し ― 8／26
オリーブ
ちりめんキャベツのワイン蒸し ― 12／14
ツナとオリーブのパスタ ― 9／3

［か］

柿
柿とせりのサラダ ― 11／4
スライス干し柿 ― 11／8
牡蠣
牡蠣の九条ねぎ蒸し ― 11／16
牡蠣のバターソテー ― 12／17
カシューナッツ
鶏肉とカシューナッツの唐辛子炒め ― 12／9
数の子
数の子のしょうゆ漬け ― 12／29
松前漬け ― 12／30
かぶ
かぶとモッツァレラのサラダ ― 3／26
かぼちゃ
蒸しかぼちゃのサラダ ― 2／7
賀茂なす
賀茂なすの揚げびたし ― 7／28
辛子明太子
山いも明太子ごはん ― 3／7
からすみ
白いんげん豆のからすみがけ ― 1／12
カリフラワー
カリフラワーのサブジ ― 10／8
かれい
かれいの煮つけ ― 12／1
韓国春雨
牛肉のチャプチェ ― 1／18
菊いも
菊いもの素揚げ ― 12／16
きくらげ
きくらげのマリネ ― 7／27
菊花
菊のマリネ ― 9／30
絹さや
絹さやのナムル ― 4／19
キャベツ
キャベツのしらすあえ ― 4／13

キャベツの春巻き 3／28
コロッケサンド 9／17
ザワークラウト 11／24
焼き餃子 1／22

牛肉
牛すじカレー 10／6
牛肉のチャプチェ 1／18
牛肉のプラム煮 8／15
牛肉のミントステーキ 6／11
ビーフシチュー 12／31

牛乳
ババロア 4／10

牛ひき肉
ハンバーグ 2／5
コロッケ 9／16

きゅうり
うなぎちらし 7／7
きゅうりのラー油あえ 8／27
きゅうりのライタ 7／20
しば漬け 7／10
春雨のサラダ 4／27
冷や汁 7／30
マカロニサラダ 3／5
薬味たっぷり納豆 7／9

京にんじん
大根なます 1／3

強力粉
水餃子 8／12

切り干し大根
切り干し大根の黒酢あえ 11／17

きんかん
きんかんのスパイス煮 12／19

銀杏
銀杏の素揚げ 11／21

九条ねぎ
いかの蝦麺 8／5
牡蠣の九条ねぎ蒸し 11／16
小はまぐりと新わかめの鍋 2／2
鶏ソテーの山椒がけ 6／8

栗
栗の炊き込みごはん 10／4
栗の渋皮煮 10／5

グリンピース
グリンピースと塩豚の炊き込みごはん 2／21
グリンピースのポテトサラダ 2／22

くるみ
ほうれん草のくるみあえ 2／14

グレープフルーツ
うどとグレープフルーツのマリネ 4／5

クレソン
クレソンのおひたし 6／2

黒豆
空豆と黒豆のおこわ 3／23

ケイパー
サーモンのケイパー蒸し 8／18
ツナとオリーブのパスタ 9／3

紅玉
紅玉のレモン煮 10／11

紅芯大根
紅芯大根のサラダ 1／10

高野豆腐
麻婆高野豆腐 10／12

ゴーヤ
ゴーヤと豚肉のあえ物 7／12

コーンミール
コーンブレッド 11／20

こしあん
白玉の冷やししるこ 5／22

粉ゼラチン
豆花《トーファ》 8／24
ババロア 4／10
麦茶ゼリー 6／1

ごはん
稲荷寿司 5／4
うなぎちらし 7／7

恵方巻き —— 2／3
ガパオライス弁当 —— 5／15
桜えび丼 —— 5／3
高菜チャーハン —— 4／15
はまぐりちらし寿司 —— 3／3
帆立と
マッシュルームのドリア —— 3／12
山いも明太子ごはん —— 3／7
山わさび丼 —— 2／17

ごぼう
おでん鍋 —— 1／13
粕汁 —— 2／8
牛すじカレー —— 10／6
ごぼうのナンプラー
きんぴら —— 11／3
聖護院大根のぶり大根 —— 1／19
せりとはたはたの鍋 —— 11／27
筑前煮 —— 3／22

小松菜
あんかけ焼きそば —— 2／25
恵方巻き —— 2／3

ゴルゴンゾーラ
ゴルゴンゾーラグラタン —— 1／15

こんにゃく
おからの煮物 —— 4／20
おでん鍋 —— 1／13
粕汁 —— 2／8
牛すじカレー —— 10／6
玉こんにゃくの煮物 —— 2／4
筑前煮 —— 3／22

昆布
おでん鍋 —— 1／13
干し豆腐と昆布のあえ物 —— 3／18

［さ］

サーモン
サーモンのケイパー蒸し —— 8／18

桜えび
桜えび丼 —— 5／3

酒粕
えびいもの白味噌仕立て —— 12／28
粕汁 —— 2／8
しいたけの酒粕焼き —— 9／5

ささげ
ささげのお赤飯 —— 10／16

さつま揚げ
おでん鍋 —— 1／13

さつまいも
さつまいもの
炊き込みごはん —— 10／18

里いも
素揚げ里いもの甘辛あえ —— 9／8

さば
さばの香菜あえ —— 4／11
さばの豆豉炒め —— 11／2

さやいんげん
いんげんのサブジ —— 7／25

さより
さよりの塩焼き —— 1／30

さわら
さわらのハーブソテー —— 4／17

山椒
鯛の昆布じめ寿司 —— 1／1
山椒のポテトサラダ —— 10／9
稚あゆの山椒煮 —— 5／20
ちりめん山椒 —— 6／7
トマトと山椒のパスタ —— 9／26
鶏ソテーの山椒がけ —— 6／8
実山椒のしょうゆ煮 —— 6／6
実山椒の水煮 —— 6／5

さんま
さんまの塩焼き —— 9／14

しいたけ
粕汁 —— 2／8
しいたけの酒粕焼き —— 9／5

芝えび
芝えびの唐揚げ —— 1／27
芝えびの玉子焼き —— 10／29

香油 ― 1/28

白子
白子のお味噌汁 ― 12/21

しらす
キャベツのしらすあえ ― 4/13
しらすスープ ― 4/29
しらすのパスタ ― 5/8

しらたき
しらたきとたらこの煮物 ― 9/15

白玉粉
白玉の冷やししるこ ― 5/22

白いんげん豆
白いんげん豆の
からすみがけ ― 1/12

じゃがいも
グリンピースのポテトサラダ ― 2/22
ゴルゴンゾーラグラタン ― 1/15
コロッケ ― 9/16
コロッケサンド ― 9/17
山椒のポテトサラダ ― 10/9
塩豚とじゃがいものスープ ― 2/10
豆カレー ― 3/1

香菜《シャンツァイ》
アボカドトースト ― 4/18
きくらげのマリネ ― 7/27
さばの香菜あえ ― 4/11
香菜と三つ葉のサラダ ― 8/22
香菜の根っこの素揚げ ― 6/13

聖護院大根
聖護院大根のぶり大根 ― 1/19

新ごぼう
新ごぼうとスペアリブの煮物 ― 3/11
新ごぼうのサラダ ― 6/9
新しょうがと
新ごぼうのかき揚げ ― 4/22

新じゃがいも
新じゃがのナンプラーあえ ― 4/7
新じゃがの煮っころがし ― 3/29

新しょうが
しば漬け ― 7/10
新しょうがと
新ごぼうのかき揚げ ― 4/22
新しょうがの甘酢漬け ― 6/3

新玉ねぎ
新玉ねぎのお味噌汁 ― 4/28
ひじきと新玉ねぎのあえ物 ― 4/23
豆あじの南蛮漬け ― 5/7

新にんじん
豆あじの南蛮漬け ― 5/7

新れんこん
新れんこんの
柚子こしょうあえ ― 9/28

すずき
すずきの酒蒸し ― 6/23

ズッキーニ
ズッキーニの素揚げ ― 7/17

スペアリブ
新ごぼうと
スペアリブの煮物 ― 3/11

スモークサーモン
恵方巻き ― 2/3

せいこがに
蒸しせいこがに ― 12/23

せり
柿とせりのサラダ ― 11/4
せりとはたはたの鍋 ― 11/27

セロリ
セロリのおかかあえ ― 9/6

全粒粉
フムスとクイックブレッド ― 1/23

センレック
パッタイ ― 8/31

素麺
薬味たっぷり素麺 ― 7/21

そば
芽ねぎそば ― 5/2

そばの実
そばの実のサラダ ― 9/24

空豆
空豆と黒豆のおこわ 3/23
［た］
鯛
鯛の昆布じめ寿司 1/1
大根
おでん鍋 1/13
韓国冷麺 7/15
せりとはたはたの鍋 11/27
大根なます 1/3
大豆の冷たいスープ 7/13
はと麦と大根のスープ 6/29
風呂吹き大根 12/2
大根葉
大根葉とほうれん草のおひたし 10/1
大豆
大豆とたこのサラダ 2/23
大豆の冷たいスープ 7/13
高菜漬け
台湾風高菜ごはん 11/7
高菜チャーハン 4/15
たけのこ
ジャージャー麺 8/23
台湾風高菜ごはん 11/7
たけのこの水煮 3/15
たけのこごはん 3/16
筑前煮 3/22
たこ
大豆とたこのサラダ 2/23
たちうお
たちうおのしょうが蒸し 8/26
卵
おでん鍋 1/13
ガパオライス弁当 5/15
酸辣春雨 5/19
芝えびの玉子焼き 10/29
台湾風玉子焼き 3/20
高菜チャーハン 4/15
錦玉子 1/2
煮玉子 10/14
パッタイ 8/31
ババロア 4/10
春雨のサラダ 4/27
ファーブルトン 10/26
マントウの玉子サンド 12/5
玉ねぎ
ゴルゴンゾーラグラタン 1/15
塩豚とじゃがいもの煮物 2/10
ビーフシチュー 12/31
たらこ
しらたきとたらこの煮物 9/15
ちくわ
おでん鍋 1/13
春雨のサラダ 4/27
中華麺
ジャージャー麺 8/23
鶏がらラーメン 1/4
ちりめんじゃこ
ちりめん山椒 6/7
ちりめんキャベツ
ちりめんキャベツのワイン蒸し 12/14
冬瓜
冬瓜のサラダ 7/4
冬瓜の煮びたし 7/3
豆乳
豆花《トーファ》 8/24
豆腐
豆腐のパンケーキ 5/13
冷や汁 7/30
ブロッコリーの白あえ 12/18
ミモレット冷奴 8/9
湯豆腐のにらの醤のせ 12/12
とうもろこし
とうもろこしの炊き込みごはん 6/17

トマト
トマトパスタ——10/27
トマトホール缶
牛すじカレー——10/6
ビーフシチュー——12/31
ドライトマト
トマトとドライトマトのマリネ——4/21
黒ひよこ豆のマリネ——2/1
鶏がら
鶏がらラーメン——1/4
鶏肉
唐揚げ——2/27
ささみのマスタードあえ——7/18
照り焼き弁当——11/1
鶏ソテーの山椒がけ——6/8
鶏肉とカシューナッツの唐辛子炒め——12/9
鶏肉のソテーにんにくの芽がけ——5/29
蒸し鶏のあえ物——3/31
よだれ鶏——9/11
鶏ひき肉
ガパオライス弁当——5/15
鶏レバー
レバーペースト——10/20
トレビス
かぶとモッツァレラのサラダ——3/26
[な]
長いも
長いものわさびあえ——2/29
長ねぎ
あんかけ焼きそば——2/25
小はまぐりと新わかめの鍋——2/2
なす味噌——5/23
梨
梨のスパイス煮——9/18
なす
しば漬け——7/10
ドライカレー——7/19
なすのマスタードマリネ——9/13
なす味噌——5/23
冷や汁——7/30
薬味たっぷり納豆——7/9
納豆
薬味たっぷり納豆——7/9
菜花
菜花のアンチョビ焼き——4/2
にら
にらの醤——12/11
湯豆腐のにらの醤のせ——12/12
にんじん
おからの煮物——4/20
粕汁——2/8
牛すじカレー——10/6
筑前煮——3/22
ビーフシチュー——12/31
マカロニサラダ——3/5
にんにくの芽
鶏肉のソテーにんにくの芽がけ——5/29
根三つ葉
根三つ葉と豚肉のあえ物——8/30
野ぶき
きゃらぶき——4/26
[は]
白菜
酸菜白肉鍋《スアンツァイバイロウグオ》——1/8
白米
栗の炊き込みごはん——10/4
グリンピースと塩豚の炊き込みごはん——2/21
ささげのお赤飯——10/16
さつまいもの炊き込みごはん——10/18
鯛の昆布じめ寿司——1/1

たけのこごはん ── 3/16
とうもろこしの炊き込みごはん ── 6/17
はまぐりちらし寿司 ── 3/3
むかごごはん ── 11/14

薄力粉
アイスボックスクッキー ── 3/6
コーンブレッド ── 11/20
豆腐のパンケーキ ── 5/13
ファーブルトン ── 10/26
マーラーカオ ── 1/20

バジル
ジェノベーゼ ── 5/17

パスタ
しらすのパスタ ── 5/8
ツナとオリーブのパスタ ── 9/3
トマトと山椒のパスタ ── 9/26
トマトとプラムのパスタ ── 8/8
トマトパスタ ── 10/27
マッシュルームペーストのオレキエッテ ── 9/22

はたはた
せりとはたはたの鍋 ── 11/27

はと麦
はと麦と大根のスープ ── 6/29

はなびらたけ
はなびらたけの花椒ソテー ── 12/7

花わさび
花わさびのおひたし ── 3/30

バニラアイス
メロンのブランデーアイス ── 7/14

パプリカ
牛すじカレー ── 10/6
パプリカのガスパチョ ── 7/11

はまぐり
小はまぐりと新わかめの鍋 ── 2/2
はまぐりちらし寿司 ── 3/3

春雨
酸辣春雨 ── 5/19
春雨のサラダ ── 4/27

パルミジャーノ・レッジャーノ
ジェノベーゼ ── 5/17

ビーツ
ビーツのポタージュ ── 10/13

ピーナッツ
豆花《トーファ》 ── 8/24
蒸し落花生 ── 9/12

ひじき
ひじきと新玉ねぎのあえ物 ── 4/23

日向夏
日向夏の果実酒 ── 3/10
うるいと日向夏のサラダ ── 2/19

ひよこ豆
フムスとクイックブレッド ── 1/23
黒ひよこ豆のマリネ ── 2/1

豚肉
アスパラの肉巻き ── 6/16
あんかけ焼きそば ── 2/25
おかひじきと豚肉のナンプラーあえ ── 5/25
ゴーヤと豚肉のあえ物 ── 7/12
グリンピースと塩豚の炊き込みごはん ── 2/21
塩豚とじゃがいものスープ ── 2/10
ジャージャー麺 ── 8/23
酸菜白肉鍋《スァンツァイバイロウグオ》 ── 1/8
とんかつ ── 1/31
なす味噌 ── 5/23
根三つ葉と豚肉のあえ物 ── 8/30
ポークソテー ── 10/10
ローストポーク ── 9/21
ローストポークの梅ジャム添え ── 6/20

豚ひき肉
ガパオライス弁当 ── 5/15
酸辣春雨 ── 5/19
焼売 ── 11/5

台湾風高菜ごはん —— 11／7
麻婆高野豆腐 —— 10／12
水餃子 —— 8／12
焼き餃子 —— 1／22

プチヴェール
プチヴェールの梅酢蒸し —— 12／3

プラム
牛肉のプラム煮 —— 8／15
トマトとプラムのパスタ —— 8／8

ぶり
聖護院大根のぶり大根 —— 1／19

フルーツトマト
トマトとプラムのパスタ —— 8／8
トマトと山椒のパスタ —— 9／26
モロヘイヤとトマトのあえ物 —— 8／13

プルーン
焼きプルーン —— 9／25

ブロッコリー
ブロッコリーの白あえ —— 12／18

ほうれん草
大根葉とほうれん草のおひたし —— 10／1
ほうれん草のくるみあえ —— 2／14

干ししいたけ
おでん鍋 —— 1／13
しいたけ梅干しスープ —— 1／7
塩豚とじゃがいもの煮物 —— 2／10
筑前煮 —— 3／22

干し豆腐
干し豆腐と昆布のあえ物 —— 3／18

帆立
帆立とマッシュルームのドリア —— 3／12

ほたるいか
ほたるいかのハーブマリネ —— 4／8

ホワイトアスパラガス
蒸しホワイトアスパラガスのオイルがけ —— 3／19

ホワイトチョコレート
お返しのホワイトチョコ —— 3／13

［ま］

まいたけ
酸菜白肉鍋《スアンツァイバイロウグオ》 —— 1／8

マカロニ
マカロニサラダ —— 3／5

マスカット
マスカットのマリネ —— 9／4

マスタードシード
自家製マスタード —— 2／11
なすのマスタードマリネ —— 9／13

マッシュルーム
帆立とマッシュルームのドリア —— 3／12
マッシュルームとトマトのオイル煮 —— 8／25
マッシュルームペーストのオレキエッテ —— 9／22

松の実
ジェノベーゼ —— 5／17

まながつお
まながつおの幽庵焼き —— 8／21

万願寺唐辛子
万願寺唐辛子のおかか煮 —— 6／26

マンゴー
マンゴーのオリーブオイルがけ —— 7／23

マントウ
マントウの玉子サンド —— 12／5

水なす
水なすのマリネ —— 7／8

三つ葉
韓国冷麺 —— 7／15
香菜と三つ葉のサラダ —— 8／22

ミニトマト
トマトとドライトマトのマリネ —— 4／21

パプリカのガスパチョ 7/11
マッシュルームとトマトのオイル煮 8/25

ミモレット
ミモレット冷奴 8/9

みょうが
うどとみょうがの梅酢あえ 4/4
しば漬け 7/10
みょうがの甘酢漬け 5/12
みょうがの茎の佃煮 6/30
芽ねぎそば 5/2

ミント
牛肉のミントステーキ 6/11
フレッシュミントティー 6/12

むかご
むかごごはん 11/14

麦茶
麦茶ゼリー 6/1

めかじき
自家製ツナ 9/2
ツナとオリーブのパスタ 9/3

芽キャベツ
芽キャベツのフライ 12/26

芽ねぎ
芽ねぎそば 5/2

メロン
メロンのブランデーアイス 7/14

もずく
もずくスープ 7/26

もち米
おはぎ 9/23
ささげのお赤飯 10/16
空豆と黒豆のおこわ 3/23
たけのこごはん 3/16
むかごごはん 11/14
ゆり根おこわ 12/15

モッツァレラ
かぶとモッツァレラのサラダ 3/26

桃
桃のスープ 8/16

もやし
パッタイ 8/31
もやしの蝦麺 11/11

モロヘイヤ
モロヘイヤとトマトのあえ物 8/13

［や］

焼きそば麺
あんかけ焼きそば 2/25

焼きのり
恵方巻き 2/3

谷中しょうが
谷中しょうがのぬか漬け 6/24

山いも
山いも明太子ごはん 3/7

山わさび
山わさび丼 2/17

ヤングコーン
ヤングコーンのグリル 6/21

ゆり根
鯛の昆布じめ寿司 1/1
ゆり根おこわ 12/15

ヨーグルト
きゅうりのライタ 7/20
フムスとクイックブレッド 1/23

［ら］

らっきょう
すずきの酒蒸し 6/23
らっきょう漬け 6/15

ラム肉
ラム肉のロースト 12/24

リーキ
リーキのオイル蒸し 10/28

リコッタチーズ
焼きプルーン ―― 9/25
りんご
りんごのマルサラ酒がけ ―― 3/25
冷麺
韓国冷麺 ―― 7/15
レモングラス
梅シロップ ―― 6/18
レモングラスウォーター ―― 7/29
れんこん
牛すじカレー ―― 10/6
酢ばす ―― 11/12
筑前煮 ―― 3/22
レンズ豆
豆カレー ―― 3/1
[わ]
わかさぎ
わかさぎのフリット ―― 12/6
わかめ
小はまぐりと新わかめの鍋 ―― 2/2
わらび
わらびの水煮 ―― 3/21
筑前煮 ―― 3/22

料理索引

[あ]
アイスボックスクッキー ―― 3/6
青いパパイヤのサラダ ―― 8/11
赤かぶのあえ物 ―― 12/27
赤じそシャーベット ―― 8/1
赤じそシロップ ―― 7/2
赤玉ねぎのピクルス ―― 4/14
赤玉ねぎのロースト ―― 10/17
赤ピーマンのオイル蒸し ―― 9/1
あさつきのマリネ ―― 2/12
あじのなめろう ―― 6/14
あじの干物 ―― 5/14
あじフライ ―― 7/16
小豆煮 ―― 11/10
アスパラの肉巻き ―― 6/16
アボカドトースト ―― 4/18
あゆの塩焼き ―― 6/4
あんかけ焼きそば ―― 2/25
杏ジャム ―― 7/24
安納いものスープ ―― 11/30
安納いもの蒸し焼き ―― 10/23
いかの蝦麺 ―― 8/5
いちじくのサラダ ―― 7/6
稲荷寿司 ―― 5/4
いんげんのサブジ ―― 7/25
うどとグレープフルーツのマリネ ―― 4/5
うどとみょうがの梅酢あえ ―― 4/4
うなぎちらし ―― 7/7
梅ジャム ―― 6/19
梅シロップ ―― 6/18
うるいと日向夏のサラダ ―― 2/19
えびいもの白味噌仕立て ―― 12/28
恵方巻き ―― 2/3
お返しのホワイトチョコ ―― 3/13
おかひじきと豚肉のナンプラーあえ ―― 5/25
おかひじきの梅酢あえ ―― 6/28
おからの煮物 ―― 4/20
オクラの煮びたし ―― 5/10
おでん鍋 ―― 1/13
おはぎ ―― 9/23
[か]
柿とせりのサラダ ―― 11/4
牡蠣の九条ねぎ蒸し ―― 11/16
牡蠣のバターソテー ―― 12/17
粕汁 ―― 2/8
数の子のしょうゆ漬け ―― 12/29
ガパオライス弁当 ―― 5/15
かぶとモッツァレラのサラダ ―― 3/26

賀茂なすの揚げびたし——7／28
唐揚げ——2／27
カリフラワーのサブジ——10／8
かれいの煮つけ——12／1
韓国冷麺——7／15
菊いもの素揚げ——12／16
菊のマリネ——9／30
きくらげのマリネ——7／27
絹さやのナムル——4／19
キャベツのしらすあえ——4／13
キャベツの春巻き——3／28
きゃらぶき——4／26
牛すじカレー——10／6
きゅうりのラー油あえ——8／27
きゅうりのライタ——7／20
牛肉のチャプチェ——1／18
牛肉のプラム煮——8／15
牛肉のミントステーキ——6／11
切り干し大根の黒酢あえ——11／17
きんかんのスパイス煮——12／19
銀杏の素揚げ——11／21
栗の渋皮煮——10／5
栗の炊き込みごはん——10／4
グリンピースと
　塩豚の炊き込みごはん——2／21
グリンピースのポテトサラダ——2／22
クレソンのおひたし——6／2
黒ひよこ豆のマリネ——2／1
紅玉のレモン煮——10／11
紅芯大根のサラダ——1／10
ゴーヤと豚肉のあえ物——7／12
コーンブレッド——11／20
小はまぐりと新わかめの鍋——2／2
ごぼうのナンプラーきんぴら——11／3
ゴルゴンゾーラグラタン——1／15
コロッケ——9／16
コロッケサンド——9／17

［さ］

サーモンのケイパー蒸し——8／18
桜えび丼——5／3
ささげのお赤飯——10／16
ささみのマスタードあえ——7／18
さつまいもの炊き込みごはん——10／18
さばの香菜あえ——4／11
さばの豆豉炒め——11／2
さよりの塩焼き——1／30
ザワークラウト——11／24
さわらのハーブソテー——4／17
山菜の天ぷら——3／9
山椒のポテトサラダ——10／9
さんまの塩焼き——9／14
酸辣春雨——5／19
しいたけ梅干しスープ——1／7
しいたけの酒粕焼き——9／5
ジェノベーゼ——5／17
塩豚とじゃがいものスープ——2／10
自家製ツナ——9／2
自家製マスタード——2／11
芝えびの唐揚げ——1／27
芝えびの玉子焼き——10／29
しば漬け——7／10
ジャージャー麺——8／23
香菜と三つ葉のサラダ——8／22
香菜の根っこの素揚げ——6／13
焼売——11／5
聖護院大根のぶり大根——1／19
白子のお味噌汁——12／21
しらたきとたらこの煮物——9／15
しらすスープ——4／29
しらすのパスタ——5／8
白玉の冷やししるこ——5／22
白いんげん豆のからすみがけ——1／12
新ごぼうとスペアリブの煮物——3／11
新ごぼうのサラダ——6／9
新じゃがのナンプラーあえ——4／7
新じゃがの煮っころがし——3／29
新玉ねぎのお味噌汁——4／28

新しょうがと新ごぼうのかき揚げ — 4/22
新しょうがの甘酢漬け — 6/3
新れんこんの柚子こしょうあえ — 9/28
素揚げ里いもの甘辛あえ — 9/8
酸菜白肉鍋《スアンツァイバイロウグォ》 — 1/8
水餃子 — 8/12
すずきの酒蒸し — 6/23
ズッキーニの素揚げ — 7/17
酢ばす — 11/12
スライス干し柿 — 11/8
せりとはたはたの鍋 — 11/27
セロリのおかかあえ — 9/6
そばの実のサラダ — 9/24
空豆と黒豆のおこわ — 3/23

[た]

大根なます — 1/3
大根葉とほうれん草のおひたし — 10/1
大豆とたこのサラダ — 2/23
大豆の冷たいスープ — 7/13
鯛の昆布じめ寿司 — 1/1
台湾風高菜ごはん — 11/7
台湾風玉子焼き — 3/20
高菜チャーハン — 4/15
たけのこごはん — 3/16
たけのこの水煮 — 3/15
たちうおのしょうが蒸し — 8/26
玉こんにゃくの煮物 — 2/4
稚あゆの山椒煮 — 5/20
筑前煮 — 3/22
ちりめんキャベツのワイン蒸し — 12/14
ちりめん山椒 — 6/7
ツナとオリーブのパスタ — 9/3
照り焼き弁当 — 11/1
冬瓜のサラダ — 7/4
冬瓜の煮びたし — 7/3
豆花《トーファ》 — 8/24
豆腐のパンケーキ — 5/13
とうもろこしの炊き込みごはん — 6/17
トマトと山椒のパスタ — 9/26
トマトとドライトマトのマリネ — 4/21
トマトとプラムのパスタ — 8/8
トマトパスタ — 10/27
ドライカレー — 7/19
鶏がらラーメン — 1/4
鶏ソテーの山椒がけ — 6/8
鶏肉とカシューナッツの唐辛子炒め — 12/9
鶏肉のソテーにんにくの芽がけ — 5/29
とんかつ — 1/31

[な]

長いものわさびあえ — 2/29
梨のスパイス煮 — 9/18
なすのマスタードマリネ — 9/13
なす味噌 — 5/23
菜花のアンチョビ焼き — 4/2
なめたけ — 10/19
錦玉子 — 1/2
煮玉子 — 10/14
にらの醤 — 12/11
根三つ葉と豚肉のあえ物 — 8/30

[は]

パッタイ — 8/31
はと麦と大根のスープ — 6/29
はなびらたけの花椒ソテー — 12/7
花わさびのおひたし — 3/30
ババロア — 4/10
パプリカのガスパチョ — 7/11
はまぐりちらし寿司 — 3/3
春雨のサラダ — 4/27
ハンバーグ — 2/5
ビーツのポタージュ — 10/13
ビーフシチュー — 12/31
ひじきと新玉ねぎのあえ物 — 4/23
冷や汁 — 7/30
日向夏の果実酒 — 3/10
ファーブルトン — 10/26

プチヴェールの梅酢蒸し 12/3
フムスとクイックブレッド 1/23
フレッシュミントティー 6/12
ブロッコリーの白あえ 12/18
風呂吹き大根 12/2
花椒《ホアジャオ》と唐辛子の醤 9/10
ほうれん草のくるみあえ 2/14
ポークソテー 10/10
干し豆腐と昆布のあえ物 3/18
帆立とマッシュルームのドリア 3/12
ほたるいかのハーブマリネ 4/8

[ま]
豆あじの南蛮漬け 5/7
麻婆高野豆腐 10/12
マーラーカオ 1/20
マカロニサラダ 3/5
マスカットのマリネ 9/4
マッシュルームとトマトのオイル煮 8/25
マッシュルームペーストのオレキエッテ 9/22
松前漬け 12/30
まながつおの幽庵焼き 8/21
豆カレー 3/1
万願寺唐辛子のおかか煮 6/26
マンゴーのオリーブオイルがけ 7/23
マントウの玉子サンド 12/5
実山椒のしょうゆ煮 6/6
実山椒の水煮 6/5
水なすのマリネ 7/8
ミモレット冷奴 8/9
みょうがの甘酢漬け 5/12
みょうがの茎の佃煮 6/30
むかごごはん 11/14
麦茶ゼリー 6/1
蒸しかぼちゃのサラダ 2/7
蒸しせいこがに 12/23
蒸し鶏のあえ物 3/31
蒸しホワイトアスパラガスのオイルがけ 3/19
蒸し落花生 9/12
芽キャベツのフライ 12/26
芽ねぎそば 5/2
メロンのブランデーアイス 7/14
もずくスープ 7/26
桃のスープ 8/16
もやしの蝦麺 11/11
モロヘイヤとトマトのあえ物 8/13

[や]
焼き餃子 1/22
焼きプルーン 9/25
薬味たっぷり素麺 7/21
薬味たっぷり納豆 7/9
谷中しょうがのぬか漬け 6/24
山いも明太子ごはん 3/7
山わさび丼 2/17
ヤングコーンのグリル 6/21
柚子こしょう 8/6
湯豆腐のにらの醤のせ 12/12
ゆり根おこわ 12/15
よだれ鶏 9/11

[ら]
らっきょう漬け 6/15
ラム肉のロースト 12/24
リーキのオイル蒸し 10/28
りんごのマルサラ酒がけ 3/25
レバーペースト 10/20
レモングラスウォーター 7/29
ローストポーク 9/21
ローストポークの梅ジャム添え 6/20

[わ]
わかさぎのフリット 12/6
わらびの水煮 3/21

掲載商品問い合わせ先

1/5　［ピュイサンス］
マロン・オ・シロ・オブセ
○四五‐九七一‐三七七○

1/11　［北島］
マーガレット・ダ・マンド
www.marubolo.com

1/13　［神茂］
はんぺん
www.hanpen.co.jp
［別所蒲鉾店］
揚げ物
www2.crosstalk.or.jp/bessho

1/16　［観音山フルーツガーデン］
レモン
www.kannonyama.com

1/17　［蒜山耕藝］
蒜山あられ
hiruzenkougei.com

1/25　［酵素玄米工房 もみの木］
酵素玄米
www.kousomominoki.com

1/26　［豊島屋］
小鳩豆楽
www.hato.co.jp

2/6　［マコト］
皮むきいり胡麻
goma-makoto.com

2/9　［明治屋ストアーデリベイク］
テーブルロール
www.meidi-ya.co.jp

2/11　［ミツカン］
三ツ判山吹
www.mizkan.co.jp

2/13　［ル・スフレ］
ショコラ
lesouffle.moo.jp

2/18　［ろぼ農園］
文旦
loboorchard.cart.fc2.com

2/20　［ゴンドラ］
パウンドケーキ
patisserie-gondola.com

2/24　［大口屋］
餡麩三喜羅
www.ooguchiya.co.jp

3/4　［木次乳業］
牛乳、ヨーグルト
www.kisuki-milk.co.jp

3/14　［伊藤農園］
寒天ジュレ
www.ito-noen.com

4/3　［銀座ウエスト］
ドライケーキ春の限定缶
www.ginza-west.co.jp

4/12　［表参道・新潟館 ネスパス］
笹団子
www.nico.or.jp/nespace

4/16　［菊乃井］
お茶漬のもと
kikunoi-shop.jp

4/24　［近江屋洋菓子店］
フルーツポンチ
www.ohmiyayougashiten.co.jp

5/1　［天たつ］
もみわかめ
www.tentatu.com

5/5
［とらや］
小形羊羹 五月のぼり
www.toraya-group.co.jp

5/5
［鶴屋吉信］
五月晴れ
www.turuya.co.jp

5/9
［明治屋ストアー推奨品
松浦食品］
ポテトチップス
www.meidi-ya.co.jp

5/16
［一保堂茶舗］
宇治清水
www.ippodo-tea.co.jp

5/24
［御菓子処さゝま］
紫陽花、玉川、久寿桜
www.sasama.co.jp

6/10
［岬屋］
水羊羹
〇三 - 三四六七 - 八四六八

7/1
［やまくに］
いりこ
www.paripari-irico.com

7/5
［老松］
夏柑糖
oimatu.co.jp

7/31
［坂元醸造］
鹿児島の黒酢
www.kurozu.co.jp

8/7
［椛島氷菓］
柳川アイスキャンデー
kabajirushi.shop-pro.jp

8/14
［紫野和久傳］
笹ほたる
www.wakuden.jp

8/19
［龍神自然食品センター］
梅肉エキス
www.ryujinume.com
※ラベルのデザインが変更となります。
［棗の里農産］
なつめエキス
〇七七六 - 八五 - 七七八五

8/20
［観音山フルーツガーデン］
くだものの詰め合わせ
www.kannonyama.com

8/28・9/5
［福光屋］
プレミアムライスミルク、
福正宗 純米吟醸 酒粕
www.fukumitsuya.com

9/7
［すや］
栗きんとん
www.suya-honke.co.jp

9/9
［讃陽食品工業］
ケーパーベリー
www.so-food.co.jp
［稲垣商店］
トスカーナケイパー
www.inagakishoten.com

9/19
［雲月］
小松こんぶ
〇七五 - 四九一 - 一一三三

10/2
［小川軒］
プレーンウイッチ
daikanyama-ogawaken.com

10/15
［山田家］
人形焼
yamada8.com

10/24
［山本道子の店］
マーブルクッキー（完全予約制）
www.kaishindo.co.jp/michiko

11/5
［八幡製麺所］
餃子の皮
〇三 - 五三一八 - 四六〇六

11/6
[松島屋]
豆大福
〇三 - 三四四一 - 〇五三九

11/9
[ten]
丹波黒、大納言小豆
sen-nihonshu.jp/shop.php

11/13
[村上開新堂]
ロシアケーキ
www.murakami-kaishindo.jp

11/18
[小出仙]湯泉たまご
www.kodesen.com
[三國屋]うみべのしおのり
www.mikuniya-shop.com

11/19
[帝国ホテル]
コーンのクリームスープ
shop.imperialhotel.co.jp

11/22
[コンビタジャパン]
コンビタマヌカハニー
rakuten.co.jp/comvita

11/23
[華正樓新館売店]
肉まん
www.kaseiro.com

11/25
[ハーゲンダッツ]
アイスクリーム
www.haagen-dazs.co.jp

11/29
[ムジカ]
茶葉
〇七九七 - 三五 - 七七二七

12/4
[サウスアベニュー]
風邪に負けない茶
www.southavenue.info

12/5
[鹿港]
マントウ
www.lu-gang.net

12/13
[美瑛選果]
ゆり根
bieisenka.jp

12/22
[吉野葛本舗]
吉野葛
www.morino-kuzu.com

12/25
[ノンナアンドシディショップ]
ピエトロ・ロマネンゴ
フルッタ・カンディータ
www.nonnaandsidhishop.com

ワタナベマキ

料理家。季節を感じさせる作りやすいレシピに定評があり、雑誌や広告等で活躍。元グラフィックデザイナーならではの色彩豊かでデザイン性の高い盛り付け、スタイリングに加え、ファッションや暮らしなどのライフスタイルにもファンが多い。近著に『玉ねぎ×ワタナベマキ＝だし・うまみ』『グラタン・ドリア』(小社)、『かけるだけ、あえるだけ 醬の本』『冷凍保存ですぐできる 絶品おかず』(家の光協会)、『アジアの麺』(主婦と生活社)など。

Instagram: maki_watanabe

写真
在本彌生

ブックデザイン
新保慶太＋新保美沙子(smbetsmb)

スタイリング
ワタナベマキ

編集
田中のり子

校正
ヴェリタ

プリンティングディレクション
山内 明(大日本印刷)

旬菜《しゅんさい》ごよみ365日《にち》

季節《きせつ》の味《あじ》を愛《いと》しむ日々《ひび》とレシピ

NDC596

二〇一八年十一月二十五日 発 行
二〇二一年十 月 一 日 第2刷

著 者 ワタナベマキ
発行者 小川雄一
発行所 株式会社 誠文堂新光社
〒一一三-〇〇三三 東京都文京区本郷三-三-十一
(編集) 電話〇三-五八〇〇-三六一四
(販売) 電話〇三-五八〇〇-五七八〇
https://www.seibundo-shinkosha.net/

印刷・製本 大日本印刷株式会社

ISBN978-4-416-51876-2